Ernst Martin

Mittelhochdeutsche Grammatik nebst Wörterbuch

Zu der Nibelunge Nôt zu den Gedichten Walthers von der Vogelweide und zu

Laurin

Ernst Martin

Mittelhochdeutsche Grammatik nebst Wörterbuch
Zu der Nibelunge Nôt zu den Gedichten Walthers von der Vogelweide und zu Laurin

ISBN/EAN: 9783743484207

Hergestellt in Europa, USA, Kanada, Australien, Japan

Cover: Foto ©Paul-Georg Meister /pixelio.de

Manufactured and distributed by brebook publishing software (www.brebook.com)

Ernst Martin

Mittelhochdeutsche Grammatik nebst Wörterbuch

MITTELHOCHDEUTSCHE GRAMMATIK

NEBST WÖRTERBUCH

ZU

DER NIBELUNGE NÔT

ZU DEN GEDICHTEN

WALTHERS VON DER VOGELWEIDE

UND ZU

LAURIN

FÜR DEN SCHULGEBRAUCH AUSGEARBEITET

VON

ERNST MARTIN

ACHTE VERBESSERTE AUFLAGE

BERLIN
WEIDMANNSCHE BUCHHANDLUNG
1878

Vorwort zur dritten Auflage.

Dieser mittelhochdeutschen Grammatik mit Wörterbuch zu den Nibelungen und zu Walther liegt eine 1865 in zwei Auflagen erschienene Arbeit zu Grunde, die sich nur auf die Nibelungen bezog. Jetzt ist nicht nur das Glossar erweitert worden; auch die früher gegebene Grammatik erschien mir jetzt zu ängstlich auf dasjenige beschränkt, was zum unmittelbaren Verständnis der Nibelungen erforderlich war. Indem ich diesmal hinzufüge, was innerhalb des mhd. zur Rückleitung der Wörter auf ihre Stämme dienlich sein kann, hoffe ich auch den Anforderungen einiger der Beurtheiler meiner früheren Arbeit gerecht zu werden.

In seiner jetzigen Gestalt wird das Hilfsbuch ausreichen für den mhd. Unterricht auf Gymnasien, wie ich nach dem Vorgange anderer, gewichtigerer Stimmen [s. namentlich die Verhandlungen der Philologenversammlung zu Frankfurt 1861] ihn in den allgemeinen Lehrplan aufgenommen zu sehen wünsche. Besser als irgend Chrestomathien es vermögen, führt die eingehende Kenntnis der bedeutendsten und eigenthümlichsten Dichtungen in den Geist unseres deutschen Alterthums ein. Und unter diesen wird man keine finden, die mehr nationalen Charakter an sich trage als die Nibelungen, deren Inhalt, die Heldensage aus einer jahrhundertelangen poetischen Thätigkeit des deutschen Volkes hervorgegangen ist, und die Lieder Walthers, der im Wendepunct des Mittelalters stehend sowohl die Gröfse Friedrichs I als auch den baldfolgenden raschen Verfall des Reichs erlebte und dem Stolze wie der Trauer der Nation gleich edeln Ausdruck verlieh. Freilich ist die Kenntnis der mhd. Dichtung, die nur aus diesen beiden Quellen geschöpft ist, eine einseitige und beschränkte: an gleichmäfsig ausgeführter Darstellung werden die Nibelungen von der Kudrun, an Innigkeit und Zartheit des Minneliedes wird Walther von Reimar u. a. übertroffen und die höfische Erzählung wäre noch ganz unvertreten. Indessen man wird sich bescheiden müssen: kaum dürfen mehr als die deutschen Stunden eines Jahrgangs, etwa der

Obersecunda oder Unterprima (nach süddeutscher Bezeichnung Oberquinta und Untersexta) für das mhd. in Anspruch genommen werden. Auch wird ein tüchtiger Lehrer, indem er die altdeutsche Literaturgeschichte mit zwei der bedeutendsten Denkmäler in lebendige Verbindung bringt, durch Schilderungen und Proben der anderen jenem Mangel abzuhelfen und den weiterstrebenden Schüler auf die richtigen Hilfsmittel zum Privatstudium hinzuweisen verstehn.

Schliefslich kann ich den Wunsch nicht unterdrücken, dass für die Schule sowie für alle diejenigen, welche Walther ohne Rücksicht auf die Kritik der Ueberlieferung lesen wollen, ein Abdruck des Lachmannschen Textes ähnlich der vierten Ausgabe der Nibelungen, zugleich aber in einer nach Inhalt und Zeitfolge bestimmten Ordnung der Gedichte veranstaltet werden möge.

Heidelberg, 5. Mai 1867.

[Der im vorstehenden ausgesprochene Wunsch wird durch die Ausgabe Walthers von W. Wilmanns erledigt, welche soeben im Verlage der Waisenhausbuchhandlung in Halle erscheint.

Freiburg i. B., 5. Mai 1869.]

[In der sechsten Auflage ist das Wörterbuch auf den Laurin ausgedehnt worden, der in Müllenhoffs zierlicher Ausgabe (Berlin 1874) sich vortrefflich zur Schullectüre eignet.

Prag, 25. October 1874.]

[Die wenigen Aenderungen, die in der achten Auflage eingetreten sind, sollen die Darstellung klarer und übersichtlicher machen. Für das Glossar sind Lachmanns Bemerkungen (Kleinere Schriften 1, 271) von neuem verglichen worden.

Strassburg, 31. Januar 1878.]

Ernst Martin.

Lautlehre.

§ 1. Vocale. Kurze *a, e, ë, i, o, ö, u, ü*
Lange *â, æ, ê, î, ô, œ, iu*
Diphthonge *ei, iu, ie, ou, öu, uo, üe.*

ë wird gewöhnlich nicht anders als *e* geschrieben. Die Aussprache des *iu* war wol = *iü*; da dieser Laut jedoch schwierig ist, so spricht man es meist als langes *û* aus. *öu* wird wie *eu* gesprochen und zuweilen auch so geschrieben: *vreude*.

Neuhochdeutsch (nhd.) ist meistens geworden: *î* — ei, *û* — au; *uo* — u, *üe* — ü; *iu* — eu (äu), *ou* — au, *öu* — eu (äu). Vergleiche *wîn, hûs, muot, müede, iuch, loufen, vröude*. *ie* sprechen wir nicht mehr als Diphthongen (i mit nachklingendem e) aus, sondern als langes i: z. B. in bieten. Ueberdies hat das nhd. die Quantität der mittelhochdeutschen (mhd.) Vocale verändert. Mit Ausnahme einiger einsilbiger Wörter (an in bin hin ab ob mit weg) sind im nhd. die Vocale der Stammsilben entweder lang geworden oder sie haben Position erhalten durch Verdoppelung der folgenden Consonanten, vgl. *vater nemen ligen, riten*. Andererseits sind vor positionwirkenden Consonanten die Stammvocale verkürzt worden in *râche lâȝen*. Hier ist also besonders zu beachten, dass im mhd. die Aussprache sich an die Schrift anschliefsen muss.

§ 2. Einige mhd. Vocale sind aus anderen durch Einwirkung der ursprünglich in der nächstfolgenden Silbe stehenden Vocale entstanden.

1. Durch **Brechung**, die ein ursp. folgendes *a* bewirkte, ward *ë* aus *i, o* aus *u, ie* aus *iu.* So in *geben* (Inf.) ursp. *giban*, vergl. *er gibt; geboten*, ursp. *gabutan; bieten*, ursp. *biutan*, vergl. *er biutet*. Die Brechung wird aufgehalten, wenn auf *i* oder *u* ein doppeltes oder mit einem andern Consonanten verbundenes *m* oder *n* folgt; daher steht *swimmen swinden, geswummen geswunden*

neben *helfen, geholfen.* Auch das Participium Praeteriti der IV. Conj. wird nicht gebrochen: *gestigen* s. § 9.

2. durch Umlaut, den ein ursp. folgendes *i* bewirkte, ward *a — e, o — ö, u — ü; â — æ, ô — œ, û — iu; ou — öu, uo — üe.* Beisp. *gast — geste* (ursp. *gasti*), *mohte — möhte* (Conjunctiv ursp. *mohti*), *tûr (tûri), wænen (wânian), hæren (hôrian), brût* Plur. *briute (brûti), loup — löuber (loubir), vuoʒ — vüeʒe (vuoʒi).*

Rückumlaut d. h. Herstellung des ursprünglichen Vocals tritt ein in den Formen, in denen ursprünglich das *i* ausgestofsen wurde: *wænen — wânde, hæren — hôrte* (s. § 13).

§ 3. Da auch *ê* und *ô* nur anstatt *ei* und *ou* eingetreten sind, und zwar *ê* vor *h r w* (vgl. *mêr — meist* und § 10), *ô* vor *l r h s n* oder Dental (*lôs lôn, tôt* neben *töuwen* sterben), so lassen sich die 22 Vocale des mhd. auf folgende 10 zurückführen, neben denen die abgeleiteten hier in Klammern stehen:

a (e)   *â (æ)*   *uo (üe)*
i (ê)   *î*   *ei (ê)*
u (ü; o, ö) iu (ie) û (iu) ou (öu; ô, œ).

Aber selbst diese drei Reihen entwickeln sich aus je einem der drei Grundvocale *a, i, u;* wovon *â, uo; î, ei; iu (û), ou* Steigerungen sind, die in der starken Conjugation und in der Wortbildung die veränderte Bedeutung des Stammes bezeichnen. Vgl. § 9 und für die Wortbildung die Beispiele *grap gruobe, biʒ biʒen erbeiʒen, lüge liuge lougene.* Die *a*reihe mit dem Gliede *â* ist noch durch zwei Schwächungen *i* und *u* erweitert worden: *bar bâre bir geburt, bint bant bunt.*

§ 4. Die Flexionsendungen sowie die meisten Ableitungssuffixe zeigen ein schwaches *e*, an dessen Stelle früher volle Vocale gestanden haben: *geben* althochdeutsch *geban, schœner—scônôra, ernestlîche — ernustlîcho.* Nur ausnahmsweise haben einzelne Flexionssilben den vollen Vocal behalten, s. §§ 12. 20. Dies schwache *e* hat jedoch zwei Stufen: nach langer Stammsilbe, d. h. einer solchen, deren Vocal lang ist oder vor mehreren Consonanten steht, ist das *e* in der nächsten Silbe nur tonlos, nach kurzer Stammsilbe ist es stumm, wird fast gar nicht ausgesprochen; ein auf stummes *e* folgendes *e* ist tonlos, ein auf tonloses *e* folgendes ist stumm. *heiter* hat also in der zweiten Silbe ein tonloses, *edel* ein stummes *e*; tritt die Dativendung *-eme* an, so wird das erste Wort *heitereme* ausgesprochen werden als *heiterme*, das zweite *edeleme* als *edlem*. Ein stummes *e* nach Liquidis wird meist gar nicht geschrieben: *mül, müln* anstatt *müle, mülen*.

§ 5. Consonanten.

    Liquidae: *l, m, n, r*
    Spirantes, weiche: *h, j, s, w; v*
              harte: *f, ch, з*
    Mutae: *b, p; g, k (c); d, t*
    Verbindungen von Muta und Spirans: *ph, z; qu.*

Zwei Spiranten sind zu einem neuen Laute verschmolzen in *sch*. Nach kurzem Vocal werden *p f k z з* gewöhnlich verdoppelt, wobei *ck = kk, tz = zz* gilt. Vom nhd. weicht der mhd. Consonantismus nur in wenigen Fällen ab. Verschiedenheiten, die nur die Schreibweisen betreffen, sind: vor Vocalen wird fast immer *v* geschrieben, nicht *f*: *vinden, vallen*; *ph* an der Stelle unseres *pf*: *phant*; *c* tritt im Auslaut statt unseres *k* ein: *tranc*, im Anlaut seltener: *criuze*. з hat den Laut unseres ss (sz): *gróз*; zuweilen wird nhd. auch s dafür geschrieben: *daз, ûз*. In den Handschriften und deshalb auch in einigen Ausgaben wird з nicht von z unterschieden; dann ist die Regel zu beobachten: im Anlaut und hinter *l n r* steht nur *z*: *zit, holz cranz herze*; sonst erscheint *z* nur hinter kurzen Vocalen und daher, abgesehen vom Auslaut (§ 6) stets doppelt: *sitzen*. Dagegen hat sich im nhd. die Aussprache geändert: bei *ng*, in welchem wir das *g* z. B. in *lange* nicht neben dem nasalen *n* hören lassen, während dies im mhd. ebenso geschieht wie im lateinischen *longus*. *h* wird mhd. vor *t* oder *s* und nach *r* oder *l* wie *ch* ausgesprochen: *niht fuhs durh bevelhen*; es wird niemals wie in nhd. Schreibung als Dehnungszeichen hinter Vocalen und nach *t* gesetzt: *wdn, küelen*.

In Lachmanns Ausgabe der Nib. Nôt sind einige orthographische Eigenthümlichkeiten der Handschrift beibehalten: *z* steht zuweilen für *tz* z. B. *sizen*; *k, kh, ckh* für *ck: weken, rekhe, ungelückhe*; *sc* für *sch: sceiden*; *v* nach *z* oder *t* für *w: zvei, twanc*; 3 für 33: *be3er*; *x* für *hs: sex*. In Lachmanns Walther ist *c* für *z* vor *i* beibehalten in *cirkel*; *gg* für *ck* und *k* in *rügge, linggen*.

§ 6. Im Auslaut wird 1) Doppelconsonant einfach geschrieben: *schif (schiffes), schaz (schatzes), sac (sackes), ros (rosses), swim (swimmen)* u. a.

2) Media in Tenuis verwandelt: *gap (gâben), tac (tages), rat (reder)*; ferner *v* zu *f: hof (hoves)*; *h* zu *ch: sach (sâhen)*.

3) *w* abgeworfen: *niu (niuwes), gar (garwes)*.

In Lachmanns Nib. Nôt ist bisweilen auslautend *h* für *ch* geschrieben: *noh*; *ck* oder *k* für *c: lack, genuok*. Im Reime steht vereinzelt *ch* für *c: werch*; *n* für *m: gezan, frun*.

§ 7. Im Anlaut wandelt sich *j* vor *i* zu *g* in *jehen, ich gihe*; zuweilen wird der Silbe *er-* ein *d* vorgeschlagen: *derkande*. Nach einem *ch* am Ende des vorhergehenden Wortes kann *d* zu *t* werden: *sich tacte (dacte)*.

Im Inlaut wird manchmal *b* zu *p* vor *t: hapt, gelopt*. Tonloses *e* zwischen zwei gleichen Consonanten fällt oft mit einem derselben aus: *bietet* wird *biet, dienende — diende, lougenen — lougen*; so wird auch *gebundenem* zu *gebundem* zusammengezogen, *mineme* zu *mime. —* Durch Consonantenausfall und Zusammenziehung der Vocale entsteht häufig *ei* aus *age: meit, geseit*; aus *ege: gein, leite*; aus *ede: reite*; *d* aus *ade: schât*; *i* aus *ige: lit*, aus *ibe: gist*.

Conjugation.

§ 8. Als Zeitformen erscheinen nur ein Praesens mit Indicativ, Conjunctiv, Imperativ, Infinitiv und Participium und ein Praeteritum mit Ind. Conj. Part. Die übrigen werden durch Zusammensetzung mit den Hilfsverben ausgedrückt: das Futurum gewöhnlich durch den Infinitiv mit *wil* oder *sol*, das Perf. und Plusquamperfectum durch das Part. Praet. mit *hân* und *hete*; das Passivum durch das Part. Praet. mit *wirde*, im Praet. mit *bin.* Ueber ein Fut. exact. und ein Plusquamperf. gebildet durch ein dem Praes. oder Praet. vorgesetztes *ge-* s. das Wörterbuch. Die Endungen sind dieselben wie im nhd. Doch hat die 3. Plur. Ind. Praes. *-ent*; das Part. Praes. endigt, wenn es unflectiert ist, auf *-ende* (alterthümlich *-unde*); der Inf. ist declinierbar: *-ennes, -enne.* In der starken Conjugation hat ferner die 2. Sing. Imper. nie *-e: swim*; die 2. Sing. Ind. Praet. endigt auf *-e: dû gœbe.* Im Part. Praet. entbehren der Vorsetzsilbe *ge-*: *brâht; komen, lâʒen, vunden, worden (küsset* N. 526).

Zuweilen findet sich in der 2. Sing. *s* anstatt *st*: *nimes, ladetes.* Die 2. Plur. endigt zuweilen auf *nt*: *brâchent.* In der invertierten 1. Plur. wird oft *n* und selbst *en* abgeworfen: *bite wir, gedæht wir.* Das *en* des Part. Praes. fällt nach *l* oder *n* zuweilen aus: *helde* (für *helende*) *spilde sende.*

§ 9. Die starke Conjugation hat im Praet. Ablaut d. h. Veränderung des Stammvocals. Steht der 1) Vocal im Praes., so tritt der 2) in den einsilbigen Formen des Praet. (1. und 3. Sing. Ind.), der 3) in den mehrsilbigen (2. Sing. der Plur. Ind. und der Conj.), der 4) im Part. ein. Ueberdies wird der 1) von der I—III und V Conj. immer gebrochen, aufser im Sing. Ind. und Imper., von der VI und VII dagegen in der 2. und 3. Sing. Ind. umgelautet; der 3) wird von der I—III und V. VI in der 2. Sing. und im Conj. Praet. umgelautet; der 4) wird von der I—III und der V gebrochen.

```
 I  i (e):    a, â (æ),   e: gibe geben gap gâben gæbe gegeben
II  i (e):    a, â (æ),   o: nim nemen nam nâmen næme genomen
III i (e):    a, u (ü),   o: wirfe werfen warf wurfen würfe geworfen
IV  i:        ei, i,      i: rîte rîten reit riten rite geriten
V   iu (ie):  ou, u (ü),  o: vliuge vliegen vlouc vlugen vlüge vlogen
VI  a (e):   uo, uo (üe), a: trage tregest truoc truogen trüege getragen
VII a (e)  ⎫                 ⎧ a: valle vellest viel vielen viele gevallen
    â (æ)  ⎪                 ⎪ â: slâfe slæfest slief sliefen sliefe geslâfen
    ei     ⎬ ie, ie          ⎨ ei: heiʒe heiʒest hieʒ hieʒen hieʒe geheiʒen
    ô (œ)  ⎪                 ⎪ ô: stôʒe stœʒest stieʒ stieʒen stieʒe gestôʒen
    ou     ⎪                 ⎪ ou: loufe loufest lief liefen liefe geloufen
    uo (üe)⎭                 ⎩ uo: ruofe ruofest rief riefen riefe geruofen
```

Beispiel:

Praes. Ind. *gibe gibest gibt geben gebet gebent*; Imp. *gip gebet*
Conj. *gebe gebest gebe geben gebet geben*; Inf. *geben*,
Part. *gebende*
Praet. Ind. *gap gæbe gap gâben gâbet gâben*; Part. *gegeben*
Conj. *gæbe gæbest gæbe gæben gæbet gæben.*

§ 10. Der Doppelconsonant des Praes. wird überall, wo im Praet. lange Stammvocale eintreten, vereinfacht: *iʒʒe aʒ dʒen* (I) *triffe traf trâfen* (II) *spanne spien spienen* (VII). In der I können die Verba mit *s* als Stammesauslaut dies hinter dem 3) und 4) Ablautsvocal in *r* verwandeln: *nise nas nâren genern* (öfter *genesen*). Unter den Verben der II hat *quemen* folgendes a verbo angenommen: *kum* oder (*kom*), *kumen* (*komen*), *kam* (*kom*), *kâmen* (*kômen*), *kæme* (*kœme*), *komen*. In III tritt nach § 2 keine Brechung ein, wenn auf den Stammvocal ein *m* oder *n* doppelt oder mit einem andern Consonanten verbunden folgt: *swimmen geswummen, vinden gevunden.* Zuweilen unterbleibt auch der Umlaut im Conj. Praet.: *wurbe, vunde.* In der 1. und 3. Sing. Ind. Praet. haben nach § 3 die Verba der IV mit *h* hinter dem *t* anstatt *ei—ê: zihe—zêch* (*schrien* hat *schrei* und *schrê*); die von der V mit *h*, *s*, *ʒ, t* hinter *iu* haben anstatt *ou — ô: biute — bôt.* Ferner wird in IV und V gemäfs § 5 nach kurzem Stammvocal ʒ oder *f* verdoppelt: *giuʒe — guʒʒen güʒʒe gegoʒʒen; grife — griffen griffe gegriffen*; überdies *s* zu *r* verwandelt: *verliuse verlôs — verluren verlüre verloren; h* zu *g: ziuhe zôch — zugen zülge gezogen, lihe lêch geligen* (doch *fliuhe flôch fluhen flühe geflohen); d* zu *t: snide sneit sniten gesniten.* In VI wird im Praet. *h* zu *g* (c) verwandelt: *slahe — sluoc sluogen slüege geslagen. houwen* der VII angehörig hat im Praeteritum *hiu hiuwen.*

§ 11. I—III haben zum Stammvocal *a* mit der Steigerung *â* und den Schwächungen *i, u*; die IV *i* mit den Steigerungen *î* und *ei*; die V *u* mit *iu* (oder *ú: súfe, súge*) und *ou*; die VI *a* mit der Steigerung *uo*. Die VII hat nicht eigentlich Ablaut, sondern das *ie* des Praeteritum ist nach Wegfall des Stammvocals aus dem Vocal einer im Gothischen noch vorhandenen Reduplicationssilbe entstanden: *hielt* aus *haihald, stieʒ* aus *staistaut.*

In I folgt auf den Stammvocal *b, g, h, s, t, z*; in II Liquida oder *ff, ck, ch, sch, st, hs, ht*; in III Liquida doppelt oder mit einem andern Consonanten verbunden. Vergleiche aufser den obigen Beispielen: *lise, sihe; triffe, vihte; bevilhe, hilfe*. In VI steht *a* vor einfacher Muta oder Liquida oder *sch*: *var, wasche*; in VII vor doppelter Liquida oder Liq. mit einem andern Consonanten verbunden: *spanne, halte*.

§ 12. Die schwache Conjugation bildet wie im nhd. das Praeteritum durch angehängtes *te*, das Part. Praet. durch *t*. *te* ist, wie das Gothische zeigt, ursp. das Praeteritum des Verbs thun, so dass *ich lône-te* wörtlich durch 'ich lohnen that' wiedergegeben werden kann. Diese Zusammensetzung, welche dem Ablaut gegenüber etwas unselbständiges, umschreibendes hat, hat der Conjugation den Namen der schwachen eingetragen. Alle ihr angehörigen Verba sind nicht ursprünglich, sondern abgeleitet, z. B. *brennen* 'brennen machen' von *brinnen* 'brennen'. Ursprünglich stand zwischen Stamm und Endung ein voller Vocal (*ô, é; î*), welcher mhd. nach § 4 regelmäfsig zu unbetontem *e* geworden ist; nur zuweilen erscheint *ô* im Part. Praet.: *gewarnôt*. Nach kurzer Stammsilbe fällt das *e* vor *te*, *t* gewöhnlich aus: *lobte gelobt, wunderte gewundert* (dann wird *te* nach Liquidis häufig zu *de: wâfende*); nach langer bleibt das *e*: *salbete, gesalbet*.

Beisp.

lône lônest lônet lônen lônet lônent; Imp. *lône; lônet*
lône lônest lône lônen lônet lônen; Inf. *lônen*; Part. *lônende*
lônete lônetest lônete lôneten lônetet lôneten; Part. *gelônet*
Conj. Praet. wie Ind.

§ 13. Die sehr zahlreichen Verba schwacher Conjugation, welche ursp. ein *i* vor der Endung hatten, haben, wenn es möglich war, Umlaut angenommen: *lege legte gelegt; liutere liuterte geliutert*. Diejenigen, deren Stamm aus einer einzigen langen Silbe besteht, haben im Praet. und Part. Praet. zwar auch die Formen mit *e* vor *te* und *t*: *brennete gebrennet*, stossen jedoch häufiger *e* aus und nehmen, wenn dies möglich ist, Rückumlaut an: *wœne — wânde gewdnt, rüeme — ruomte geruomt*; aber *weine — weinte*. Dabei wird vor *t* Doppelconsonant vereinfacht: *fülle — fulte gefult, brenne — brante gebrant*; *g* geht in *c* über, *ck* in *h*: *vilege — vuocte gevuoct, decke — dahte gedaht*; *t* oder *d* wird ausgestofsen: *vriste — vriste gevrist, künde — kunte gekunt*; ebenso *w* oder *j*: *gerwe — garte gegart, wœje — wdte gewdt*; bei diesen letzten kann der Umlaut auch bleiben: *dröuwe dröute gedröut; wœte, drœte*. Zu den langsilbigen Verben gehen auch einige kurzsilbige über, indem sie den Endconsonanten des Stammes verdoppeln und dann Rückumlaut annehmen können: neben *zeln* auch *zellen*, daher *zelte* und *zalte*.

§ 14. Anomala. 1) Das Verbum substantivum entnimmt seine Formen drei verschiedenen Stämmen: *bin bist ist sin sit* (vereinzelt *birt*) *sint. si sist si* usw. daneben *wese wesest* usw. Imp. *wis weset* (*sit*); *wesen* (*sîn*); *wesende*; *was wœre was wâren* usw. *wœre* usw. *gewesen*.

2) Praeteritopraesentia d. h. Verba, deren Praes. ein ursprüngliches Praet. ist, jedoch in der 2. Sing. Ind. *t* oder nach *n* und *r st* annimmt. Ihr Praeteritum bilden sie schwach.

Die I Ablautreihe, aber unregelmäfsig, befolgt *mac* 'kann' *maht, mugen* (*megen*); *muge* (*müge, mege*); *mohte* (*mahte*); *möhte* (*mehte*); *mugen*
die II *sol solt, suln* (*süln sün*); *sül*; *solte* (*solde*); Conj. ebenso; *suln*
die III *gan* 'gönne' *ganst gan gunnen gunnet gunnen*; Inf. *gunnen* Conj. *günne günnest* usw. Praet. *gunde* (*gonde*); Conj. Praet. *günde* (*gönde*); Part. Praet. *gegunnen* und *gegunnet*.

Danach *erban* 'missgönne'. Durch eine falsche Ableitung hierhergezogen hat das Verbum *beginnen* neben dem Praet. *began* auch *begunde* erhalten.

kan 'weifs' *kanst, kunnen; künne; kunde* (*konde*); *künde* (*könde*); Inf. *kunnen*

tar 'wage' *tarst, turren; türre; torste; törste* (*torste*); *turren*
darf 'habe nöthig' *darft, durfen; dürfe; dorfte; dörfte; dürfen*
die IV *weiʒ weist, wiʒʒen; wiʒʒe; wiste* (*weste, wesse*); Conj. ebenso; *wiʒʒen; gewiʒʒen*

die V *touc* 'tauge', 2. Sing.?, *tugen (tügen); tüge; tohte; töhte; tugen*
die VI *muoʒ muost, müeʒen; müeʒe; muoste (muose); müeste (müese); müeʒen.*

3) Aehnliche Bildung, nämlich einen ursp. Opt. Praet. als Ind. Praes. hat wellen: *ich wil, dû wil (wilt), wir wellen (weln)* usw. *welle (wolle); wolte (wolde);* Conj. ebenso.

4) *tuon tuost tuot tuon tuot tuont;* Imp. *tuo tuot tuo tuost tuo tuon tuot tuon; tuon; tuonde tete, dû tæte, wir táten* usw. *tæte; getán.*

5) *stán (stén) stást stát stán stát stánt;* Imp. *stant stát stá (sté) stást stá stán stát stán; stán; stánde stuont; stúende; gestanden* und *gestán.*
Ebenso im Praes. *gán;* Imp. *ganc;* Praet. *gienc (gie);* gegangen und *gegán.*

6) *haben* contrahiert: *hán hást hát hán hát hánt,* Conj. *habe;* Part. *habende;* Praet. *háte héte hete, dû hæte, wir háten héten heten;* Conj. *hæte héte hete; gehabet.* In der Bedeutung 'halten' ist *haben* regelmäfsig schwach.

7) *láʒen* wird ebenso contrahiert im Ind. Sing. *lán lást lát,* Plur. *lán lát lánt,* im Inf. *lán* und im Part. Praet. *lán;* Praet. *lieʒ (lie).*

8) *váhen* und *háhen* contrahieren zuweilen den Inf.: *ván, hán;* Praet. *vienc (vie), hienc (hie);* Part. *gevangen, gehangen.*

9) *biten, ligen, sitzen* und *heben, swern* bilden das Praes. schwach, das Praet. nebst Part. theils nach der I starken: *bat, gebeten; lac, gelegen; saʒ, geseʒʒen;* theils nach der VI: *huop, gehaben; swuor, gesworn* (seltener, aber regelrechter *geswarn*).

10) *bringen, denken, dunken* haben im Praet. *bráhte, dáhte, dúhte;* Conj. *bræhte, dæhte, diuhte;* Part. *bráht, gedáht, gedúht.*
würken und *vürhten* nehmen im Praet. *o* an: *worhte, geworht; vorhte, gevorht.*

Declination. Substantiva.

§ 15. Starke Declination. Die Masculina der I Form haben im Sing. Nom. und Acc. — (oder *e*), Gen. *es*, Dat. *e*; im Plur. N. A. G. *e*, Dat. *en*:

tac tages tage tac, tage tage tagen tage;
jegere jegeres jegere jegere, jegere jegere jegeren jegere.

II Sing. ebenso wie I; Plur. mit Umlaut:
gast gastes gaste gast, geste geste gesten geste.

Neutr. Sing. wie m.; Plur. —, *e, en,* —. Zuweilen tritt im Plur. umlautwirkendes *er* zwischen Stamm und Endung.
wort wortes worte wort, wort worte worten wort;
rat rades rade rat, reder redere rederen reder.

Fem. I Sing. durchgängig *e*; Plur. *e,* G. und D. *en*:
gâbe gâbe gâbe gâbe, gâbe gâben gâben gâbe.

II Sing. ohne Endungen; doch haben D. und G. auch *e,* vor welchem, wenn es möglich ist, Umlaut eintritt. Plur. umlautend mit *e,* Dat. *en*:
zit zit (zite) zit (zite) zit, zite zite ziten zite;
kraft kraft (krefte) kraft (krefte) kraft, krefte krefte kreften krefte.

Auch ohne Umlaut vor den Endungen mit *e* erscheinen *naht* (G. Sing. *der nahte,* D. Pl. *den nahten*) und *hant.*

§ 16. Schwache Decl. Alle Genera haben N. Sing. *e,* sonst in allen Casus *en*; A. Sg. n. *e* wie N.:
herre herren herren herren, herren herren herren herren;
frouwe frouwen frouwen frouwen, frouwen frouwen frouwen frouwen;
herze herzen herzen herze, herzen herzen herzen herzen.

§ 17. Anomala. 1) *vater, bruoder, muoter, tohter, swester* sind unveränderlich, aufser dass sie im D. Pl. *n* annehmen, und dass *vater* im Plur. meist umlautet: *veter.* 2) *man* bleibt unflectiert oder bildet G. *mannes,* D. *manne,* Plur. *manne,* D. *mannen.* 3) Neben *küneginne* erscheint auch das unflectierte *künegîn.*

§ 18. Eigennamen flectieren theils stark, theils schwach nach den obigen Paradigmen. Die starken Masculina haben im D. und A. *e* oder *en* oder auch gar keine Flexion: *Sifrit Sifride Sifriden;* die starken Feminina haben im A. auch *e: Kriemhilt Kriemhilde,* und in allen Casus obl. auch schwache oder flexionslose Form: *Kriemhilt Kriemhilden.*

Adjectiva.

§ 19. Alle flectieren stark und schwach (schwach hinter dem Artikel); häufig sind sie auch als Attribut flexionslos. Die st. Declination weicht vom nhd. nur ab im N. Sing. fem. und N. und A. Plur. neutr. auf *iu* und im N. A. Sing. n. auf *eʒ*.
Beisp. *alter altes altem alten, alte alter alten alte
altiu alter alter alte, alte alter alten alte
alteʒ altes altem alteʒ, altiu alter alten altiu.*
Zuweilen erscheint im D. S. m. und n. die volle Endung *eme*, im G. Sing. f. und Plur. *ere: rôteme, iuwerre* (aus *iuwerere*). Dabei ist besonders bei mehrsilbigen tonloses und stummes *e* zu unterscheiden: *michel* 'grofs' hat im D. Sing. m. und n. *michelme*, im G.D.Sing. f. und G.Plur. *michelre; eben* dagegen *ebenem, ebener*.

Die schwache Decl. ist gleich der der Substantiva; das nhd. stimmt damit überein, aufser im A. Sing. f., welcher mhd. *en* hat: *die schœnen maget*.

§ 20. Der Comparativ wird durch angehängtes *er* gebildet, der Superlativ durch *est: edeler, edelest; micheler, michelest*. Einige Adjectiva nehmen in der Comparation auch Umlaut an: *alt — elter, eltest* neben *altest; starc — sterkest*. Zuweilen erscheinen im Superlativ die alterthümlichen Endungen *ôst: vorderôst*, und die umlautwirkende *ist: græʒist*.

§ 21. Adverbia werden von Adjectiven abgeleitet durch Anhängung theils von *e: starc — starke*, wofür bei den Adjectiven auf *e* Rückumlaut eintritt: *veste — vaste, schœne — schône*; theils von *liche, lich: trûrecliche, süeʒlich*.

§ 22. Zahlwörter. *einer einiu eineʒ*, als Attribut im N. Sing. unflectiert; *zwéne zwô zwei, zweier, zwein; dri n. driu, drier, drien* (*drin*); *viere vieriu*. Ebenso flectieren auch *vünf, sehs, siben, aht, niun, zehen, einlif, zwelef . . . zweinzic* (*zwénzic*), *driʒic*. Neben *hundert* erscheint auch *hunt*.

Ordinalia *êrst; ander* 'zweiter'; die anderen werden durch angehängtes *te*, (nach Liquidis *de*) gebildet: *drite, vierde* usw.

Pronomina.

§ 23. Persönliche. I Person: *ich min mir mich, wir*

unser uns uns (alterthümlich *unsich*). II *dú* (*du duo*) *din dir dich, ir iuwer iu iuch*.

Das Pron. der III Person hat im G. Sing. *sîn*; *sich* ist nur A. Sing. und Plur.; für den D. werden die Formen entlehnt von dem geschlechtigen:

m. er   sîn   im in,
f. sie (*siu si si*) ir   ir sie (*si*), } Plur. sie (*si*) ir in sie (*si*).
n. ez (*iz*)   sîn (*es*)   im ez,

Die Possessiva sind *min, din, sin*; *unser, iuwer*; für das der III Sg. f. und Plur. wird der G. *ir* gebraucht; selten erscheint dieser auch flectiert: *iren*.

§ 24. Demonstrativum und Relativum, auch bestimmter Artikel ist

der diu daz, G. *des* f. *der*, D. *dem* f. *der*, A. *den die daz*; der Instrumentalis m. und n. *diu* erscheint nur mit Praepositionen verbunden: *sit diu*. Plur. *die* n. *diu*, G. *der*, D. *den* (*dien*), A. *die* n. *diu*.

Das Demonstrativum *dirre* (*diser*) *disiu diz* (*ditze*) hat auch im G. und D. Sing. f. und G. Plur. *dirre*.

Das Interrogativum flectiert *wer waz, wes, wem, wen waz*; Instr. *wiu*. Aus *sô wer* zusammengesetzt ist *swer swaz* 'wer, was auch immer'. *weder* 'welcher von beiden', *welh* (*wel*) 'was für ein' sind adjectivisch.

ANHANG.

Grundzüge der mhd. Verskunst.

§ 25. Die mhd. Verskunst beruht auf der Betonung der einzelnen Silben innerhalb eines jeden Wortes. In jedem Worte wird die erste (die Stammsilbe in einfachen Wörtern, die Stammsilbe des ersten Theiles in zusammengesetzten) besonders stark betont, sie hat den Hochton. In einigen abgeleiteten Wörtern und in allen Zusammensetzungen kommt zur Stammsilbe noch eine oder mehrere Silben mit vollem Vocal; diese Silben werden etwas schwächer betont, haben den Tiefton. Vgl. *vischære küniginne, manlich degenheit, künicriche marcgrâ-*

vinne. Andere Ableitungssilben und fast alle Flexionssilben haben schwaches *e*, das entweder tonlos ist oder stumm (§ 4).

Von der Regel, dass die erste Silbe den Hochton trägt, sind ausgenommen

1) die Zusammensetzungen mit den untrennbaren Praepositionen *be ent (en) er ver ge zer (ze)*, welche sämmtlich schwaches *e* haben. Vgl. *bestân entsagen erkant vergeʒʒen geloube zerinnen.* Die drei ersten Praepositionen haben jedoch in alten Zusammensetzungen mit Nominibus den vollen Vocal und damit den Hochton bewahrt: *antvanc* neben *enphâhen, urloup* neben *erlouben, biderbe.*

2) Verba, die mit den Praepositionen *über under durch umbe wider gegen hinder* untrennbar zusammengesetzt sind, während die mit denselben zusammengesetzten Nomina die erste Silbe betonen: *únderscheiden* (bezeichnet den Tiefton der ersten Silbe) neben *únderscheit, überwínden* neben *übermuot.*

3) Ebenso die mit *misse* und *volle* zusammengesetzten Verba *missetúon volbríngen* neben den Substantiven *misselât vólleist.*

4) Schwanken findet Statt bei den Zusammensetzungen mit *al* und *un*: *alsô* und *álsô, untríuwe* und *úntriuwe.*

§ 26. Der mhd. Vers besteht aus einer gewissen Anzahl von Hebungen d. h. höher betonten Silben, zwischen welchen je eine Senkung d. h. minderbetonte Silbe stehen, aber auch fehlen kann. *Dô wuohs in Nîderlánden* ist metrisch gleich *zuo dém gáste.* In den gesungenen Gedichten fehlt die Senkung nur äufserst selten, so dass der Versbau dem nhd., in welchem Hebung und Senkung regelmäfsig abwechseln, sehr ähnlich ist. Mit Ausnahme des Tageliedes (88, 9) fehlt bei Walther die Senkung nur innerhalb zusammengesetzter Wörter, in welchen zwei Silben mit vollem Vocal zusammenstofsen: *lántgráve, hérzéichen.*

Zur Hebung taugt 1) jede Silbe mit Hochton, 2) jede Silbe mit Tiefton *bítterlíchen kúnigínne*, 3) eine Silbe mit tonlosem (nicht mit stummem *e*), jedoch nur entweder als letzte Hebung der Nibelungenzeile *Uotén, Hagené,* oder wenn wenigstens eine

Silbe mit schwachem *e* folgt. Gehört diese Silbe demselben Worte an wie die tonlose Hebung, so muss entweder hinter dem tonlosen Vocal der Hebung eine Doppelconsonanz stehn: *trûrénde*, oder hinter dem stummen *e* ein *n*: *michélen*; nicht regelrecht ist *trûréte*, *michéler*. Gehört die Silbe mit schwachem *e* dem nächsten Worte an, so muss ein Consonant die beiden *e* trennen: *sanfté gemuot, werdén erkant*; nicht erlaubt ist *schamelé erclanc*.

Selten und nur in den lyrischen Gedichten erscheint neben dem gewöhnlichen Versfufs eine Art von dactylischem, in welchem auf eine Hebung zwei Senkungen folgen: *Ich sach hie vór eteswénne den tác.*

§ 27. Die Hebung darf nie weniger Wortton haben als die folgende Senkung. Man lese also nicht *Hágené von Trónege*, sondern *Hágene vón Trónege*, nicht *strûhté daʒ márc*, sondern *strûhte dáʒ márc*.

Dagegen hat die Hebung zuweilen weniger Wortton als die vorangehende Senkung, indem eine Silbe mit Tiefton über eine lange mit Hochton erhoben wird: *mit driúnge, dér barmúnge urspringe* (W. 7, 36). Besonders geschieht dies in Namen: *Gunthérn, Reimár*; hier auch wenn die erste Silbe kurz ist *Philippes* (W. 19, 7 u. ö.). So wird zuweilen auch eine Silbe mit Tiefton über eine vorangehende mit Tiefton gehoben: *únfrœlichen, hóchvertigen, márcgrávin, únsúmic* (W. 85, 24), sogar eine mit tonlosem *e*: *juncherrén fúr* (W. 80, 24). (s. auch § 29.)

§ 28. Hebung und Senkung sollen **einsilbig** sein. Doch kann ein stummes *e* hinter einer kurzen betonten Silbe in der Hebung verschleift werden und ebenso ein stummes *e* hinter einem tonlosen *e* in der Senkung. Also Wörter wie *site sagen künec gibest* können Hebung sein, und in *wachete grimmeger trûreten* können die beiden letzten Silben die Senkung ausmachen; ebenso die letzte des vorangehenden und die erste des folgenden Wortes in *kúnde gevólgen, séle genás; dánne der tót.*

Die Durchführung dieser Einsilbigkeit der Hebungen und Senkungen erleichtern einige grammatische Freiheiten, durch welche schwache *e*, ja sogar volle Vocale und bei einigen Formwörtern auch Consonanten weggeschafft werden.

1) Synaloephe oder Verschmelzung. Sie tritt ein, wenn auf eins der Wörter *dá já wd swd bt si dó só dú nú* ein Wort folgt, das in der ersten Silbe ein schwaches *e* hat. Die vollen Vocale dieser Wörter verlieren dabei ihre Länge: *da enzwischen*. Mehr Beispiele s. bei der Inclination (5) und bei dem Auftacte (§ 29).

2) Elision. Ein schwaches *e* im Auslaut wird von vocalischem Anlaut des folgenden Wortes verschlungen: *drie ist, ruoche ich*; steht das folgende Wort in der Hebung, so wird das elidierte *e* gar nicht geschrieben; *dn édeler, sag ich*; aufser in dreisilbigen Wörtern: *wallære unde, lidenne ungenœme*. Vor der Hebung wird übrigens auch Hiatus geduldet: *Fróuwe, éʒ. fride unde suone* (N. 2027, 4).

3) Apokope, Abwerfen des schwachen *e* im Auslaut vor consonantischem Anlaut des folgenden Wortes: *min náhgebúren, sin hant* (Acc.); *ein schalten; dn minen, umb daʒ; von hús der, úʒ Österrích Liupolt; wær mir, hórt dá*. Ein Consonant fällt mit diesem *e* weg in der invertierten I. Plur. (§ 8) und in den Conjunctionen *oder, aber: od, ab*.

4) Synkope, Auswerfen eines schwachen *e* zwischen zwei Consonanten: *spricht, dunct; dienst; sins, eins, einʒ*; von zwei gleichen Consonanten fällt der eine mit dem *e* weg (§ 7). Namentlich tritt Synkope des *e* in der letzten Silbe ein, wenn das folgende Wort vocalisch anlautet: *úbr al; einr in; húenr und*. Auch das schwache *e* der ersten Silbe (§ 25, 1) wird synkopiert, nicht blos vor Vocalen wie in *gahtet geret*, sondern auch vor Consonanten *gnóʒ glichet bliben*. Doch ist *gelichen beliben* gewöhnlicher.

5) Inclination. Mehrere kleine häufig vorkommende Wörter werden an ein vorangehendes oder folgendes Wort so angelehnt, dass sie ihren Vocal verlieren, ja zuweilen auch einen dazwischentretenden Consonanten: a) die Praeposition *ze: zallen, ze einen*; die Praeposition *in* (geschwächt zu *en*, vgl. *enhant*): *hien erde*; b) die Negationspartikel *ne* (gewöhnlich an das folgende

Wort angelehnt mit Umstellung zu *en*): *desn mac*; die in 1) angegebenen Wörter verlieren davor ihre Länge: *da enst, son*; *ich* verliert seinen Consonanten: *ine mac, in wei͡ʒ*; ebenso *joch*: *jone*, c) die Pronomina personalia: *wiech, deich* aus *da͡ʒ ich, i'͡ʒ* aus *ich e͡ʒ, i'u* aus *ich i'u*; *swa͡ʒt uns* (*t = du*), *sitd Atzen*; *do er, da 'r inne, dier, dér* aus *da͡ʒ er, du in, ern, erm, sist, si einen*; so *e͡ʒ, da͡ʒ͡ʒ* oder *dei͡ʒ* aus *da͡ʒ e͡ʒ, ims niht*; d) der Artikel *diu* oder *die* vor Vocalen: *dandern, derde, dougen*; *da͡ʒ* wird zu *de͡ʒ* geschwächt und dann verschleift: *gewürmé de͡ʒ*, oder ganz incliniert: *mir͡ʒ houbet*; *den* verliert sein *d*: *setze en*; *des* wird an das folgende Wort angelehnt: *küneges*. Besonders häufig ist die Inclination nach Präpositionen: *inme, ime* (*in deme*), *ûfme, zem, zer, zen, bien, géns*; e) *ist*: *derst, diust, dast deist deis dést dés* (*da͡ʒ ist*), *sost*; f) *hie: hinne* (*hie inne*).

6) Die Diphthongen *iu* und *ou* vor *w* können ihre ursprüngliche Kürze wieder annehmen: *iwer, frowe*.

§ 29. Das Accentverhältnis sowie die Einsilbigkeit werden am strengsten beobachtet im Versschluss. Um so freier ist dagegen der Versanfang, insbesondere die der ersten Hebung vorausgehende Senkung, der Auftact. Hier finden sich besonders häufig Synaloephen: *da en|sprungen, so ich͡ʒ* ; sogar trotz eines dem schwachen *e* vorausgehenden Consonanten: *do ver|suohten*. In den Nibelungen kommt auch zweisilbiger Auftact vor; doch muss dann die erste Silbe höher betont sein als die zweite: *und en|phiengen die géste; nu wer | was der ûf dem schilde ‖ vor dem | Wasgensteine sa͡ʒ* (2281, 2). Selbst dreisilbiger Auftact erscheint, stets mit gehobener zweiter Silbe: *da͡ʒ habe | dir ze botschefte* (1900, 4) und *Ir wider | sagt uns nu ze spâte* (2116, 1). Bei Walther ist der zweisilbige Auftact durch Synkope und Apokope des stummen *e* wegzubringen: *Wedr* (82, 17), *küngin* (77, 12), *manc* (77, 22) u. a. *Bot* (10, 17).

Sodann wird im Verseingang auch am häufigsten das Accentverhältnis zwischen Hebung und Senkung verletzt: es tritt dann schwebende Betonung ein, welche man dadurch bezeichnet, dass der Accent auf den die beiden Silben trennenden Consonanten gesetzt wird. Ein zweisilbiges Wort, vorn mit betonter Länge steht als Auftact und erste Hebung: *mińe friunt, wiʒʒet daʒ* (N. 1996, 1). Oder auf den Auftact folgt als erste Hebung und Senkung ein zweisilbiges Wort oder zwei einsilbige mit dem Tone auf der zweiten Silbe: *eʒ entuo danne der tôt* (1224, 3). Oder endlich die letzte Silbe des zweisilbigen Auftacts und die erste Hebung werden durch ein zweisilbiges Wort vertreten, welches den Accent auf der ersten Silbe hat: *het ieman geseit Etzeln* (1803, 2). Alle diese Verletzungen des Verhältnisses zwischen Hebung und Senkung im Auftacte kommen bei Walther nicht vor.

§ 30. Die Nibelungenstrophe besteht aus vier Langzeilen, von denen jede durch eine Cäsur in zwei Halbzeilen getheilt wird. Die erste Halbzeile jeder Langzeile hat drei Hebungen, auf deren letzte noch eine Senkung folgen muss: *Eʒ troumde Kriemhilte*; seltener hat sie vier Hebungen ohne die letzte Senkung: *Dô hieʒ sin vater Sigemúnt*. Ausnahmsweise wird die letzte Hebung und die folgende Senkung durch eine kurze Stammsilbe und eine Silbe mit stummem e gebildet: *leben* (2050, 4). Die zweite Halbzeile begreift drei Hebungen: *sin muoter Sigelint*, in der vierten Langzeile aber vier: *beide wafen und gewânt*. Die Langzeilen sind paarweise durch den Reim verbunden. Hat die letzte Hebung tonloses *e* (§ 26), so haben gewöhnlich auch die vorhergehenden Hebungen gleichen Klang. so *Uoten: guoten, Hagene: sagene*. Das Schema der Nibelungenstrophe ist also, wenn wir die Hebungen durch ´, die nothwendigen Senkungen durch ˋ, und den gleichen Reim durch gleiche Buchstaben bezeichnen, folgendes:

´ ´ ´ ˋ ´ ´ ´   a
´ ´ ´ ˋ ´ ´ ´   a
´ ´ ´ ˋ ´ ´ ´   b
´ ´ ´ ˋ ´ ´ ´ ´ b

§ 31. Das gewöhnliche Versmafs der erzählenden Dichtung ist das der kurzen Reimpare, wodurch immer zwei Zeilen von je vier Hebungen mit stumpfem oder von drei, seltener vier mit klingendem Ausgange unter einander verbunden werden. Weit mannigfaltiger ist die Bildung der Strophenformen, der Töne in der gesungenen Dichtung. Aufser der verschiedenen Anzahl und Länge der Zeilen wird diese Mannigfaltigkeit hauptsächlich durch die verschiedenen Arten und Stellungen des Reims möglich gemacht. Der stumpfe (männliche) Reim besteht aus einer hoch- oder tieftonigen Silbe, welche, wenn sie kurz ist, noch eine Silbe mit stummem *e* hinter sich haben kann: *vol: wol, leben: geben*. Der klingende (weibliche) Reim begreift zwei Silben, eine lange und eine mit tonlosem *e*: *fráge: láge, krónen: lónen*, oder drei Silben, deren erste kurz ist und deren zweite ein stummes *e* hat: *gebenne: lebenne*. Der Anordnung nach können die Reime gepart sein (es reimen dann die aufeinander folgenden Zeilen): *aabb*; oder überschlagen (gekreuzt) *abab, abcabc*; oder Schweifreime *aabccb*. Zuweilen ist eine reimlose Zeile, eine Waise eingemischt, z.B.W.48,10.

Dazu kommen gewisse Reimkünste. Walther gebraucht a) die Binnenreime, durch welche die Verszeile in Abschnitte zerlegt wird, die in derselben oder der entsprechenden Zeile reimen: 6, 32 *In dürstet sére | nách der lére | als er von Róme é was gewon: der im die schancte | und in dá trancte | als é, dá wurde er varnde von.* b) die Schlagreime, welche unmittelbar aufeinanderfolgende Wörter unabhängig vom Endreim verbinden: 47, 16 *Ich minne, sinne lange zít*, in einem wahrscheinlich unechten Liede. c) die Pausen, wobei die Silben am Anfange der Zeile mit dem Ende derselben oder einer andern reimen: 62, 10 *ein klósenære, ob erʒ vertrüege? ich wæne, er nein;* oder 67, 24 *lobe ich des libes minne, deis der séle leit: si giht, eʒ si ein lüge, ich tobe.* d) Körner d. h. Zeilen, welche auf die entsprechenden der nächsten Strophen reimen z. B. 119, 23. e) Kehrreime oder Refrains, Wiederholungen einer oder mehrerer Zeilen in verschiedenen Strophen z. B. 110, 18. 19.

§ 32. Diese Mannigfaltigkeit der Strophenbildung in den **Liedern** wird von einem allgemeinen Gesetze beherscht, dem der Dreitheiligkeit. Zwei gleiche Theile, die Stollen bilden zusammen den Aufgesang; der dritte, ungleiche Theil den Abgesang. Zuweilen haben jedoch die beiden Stollen ungleichartige Reime (26, 3), zuweilen auch eine ungleiche Anzahl von Hebungen (78, 24). Auch kommt es vor, dass der Abgesang zwischen den Stollen steht (26, 3). Der Abgesang wiederholt sich mehrmals hinter der letzten Strophe 74, 16. Ausgenommen von dem Gesetz der Dreitheiligkeit sind hauptsächlich die Tanzlieder, deren Strophen zwei ungleiche Theile haben: z. B. 39, 1.

In allen Strophen (Gesetzen) eines Liedes kehrt dieselbe Form genau wieder. Freier scheinen, und zwar im Auftact, nur die Sprüche zu sein, die einstrophischen Gedichte moralischen oder politischen Inhalts.

Neben den Liedern gibt es aber noch eine ganz verschieden gebildete Art lyrischer Gedichte, die Leiche. Sie waren ursprünglich religiös und für den Gesang einer Menge bestimmt: daher die redende Person meist nicht mit *ich*, sondern mit *wir* bezeichnet wird. Die Hauptmerkmale des Leichs sind erstens, dass die Strophenform nicht dieselbe bleibt, sondern mit häufigem Uebergang des Sinns aus der einen Strophe in die andere wechselt; und zweitens, dass die Strophen fast durchaus nicht aus drei, sondern aus zwei und zwar gleichen Theilen bestehen. Die Leiche können einfacher oder kunstvoller gebaut sein; der Walthers (3, 1) gehört zu den schwierigeren.

st. = stark, sw. = schwach; m. = masculinum, f. = femininum, n. = neutrum; (st. m.) II = umlautend, was bei dem Fem. schon aus dem consonantischen Auslaut des N. Sg. hervorgeht; G. = Genetiv, D. = Dativ, A. = Accusativ; (*eines, einem, ein*) d. = *dinges, dinge, dinc*; wo im G. der Auslaut des Nominativs verdoppelt oder verändert wird, ist die Endung mit dem Schlussconsonanten des Stammes in Klammern beigefügt. Bei Wörtern, die ihre Bedeutung nicht verändert haben, ist die Uebersetzung weggelassen.

A.

d Interjection an Imperative und Partikeln angehängt: *neind* Nicht doch! *snid sni*

ab, abe Praep. mit D. von; Adv. weg, hinab

abelouf st. m. II Wechsel (Ort, wo das Wild zum Schusse vorlaufen muss)

dbent (*-des*) st. m. Abend; *sunewenden d*. Abend vor Sonnenwende

dbentrôt st. m.

aber, ab Adv. wieder, nochmals, dagegen; *et aber* doch wieder, doch noch immer; *swie aber* wie auch

abgründe st. n. Abgrund

æhter st. m. Verfolger; von Gerichts wegen Verfolgter

dventiure st. f. wunderbare Begebenheit, Wunder; Erzählung davon; Abschnitt eines erzählenden Gedichtes

aver = *aber*

after Praep. mit D. nach, über — hin; *a. wegen* dem Wege nach, weg

ahsel st. f. Achsel, Schulter

aht st. f. Schätzung; Stand

ahten sw. beachten, erwägen; *ein d. ahtet mich* etwas kümmert mich, geht mich an *al*, flectiert *aller elliu alleʒ* (vor dem Artikel flectiert und unflectiert *allen den*, a. *einen tac; al den tac*) all, ganz, jeder; nach *dne* irgend ein; G. Plur. *aller* verstärkt den Superlativ *allerwiseste wip*; A. Sing. n. *alleʒ, alʒan* Adv. immerfort, durchaus; *über al* insgemein, vollständig; Instrum. *alle* in *mit alle* gänzlich

al Adv. dient zur Verstärkung vor Adj. *alwdr, al eine*; vor Adv. *al dd* dort, *alher* bis jetzt, *al geliche* gleichmäfsig, insgesammt; vor Praep. *al über, al umbe*

ald = *oder*

allenthalben Adv. auf allen Seiten

almuosnœre st. m. Vertheiler der Almosen; Almosenempfänger

alrèrst, alrèst = *allerèrste* Adv. da erst, jetzt erst, erst recht

alsam Adv. ebenso; gleichwie

alsó, alse, als Adv. und Conj. so, ebenso; wie; als

alsus, alsust Ad. auf diese Weise, so

alten sw. altern, alt werden

alter st. m. Altar

alterseine weltverlassen, ganz allein

althèrre sw. m. alter Herr

alʒan = *alleʒ an*

an, ane Praep. mit D. und A. an, in, zu, auf; *an arme* im Arm; *an gemach füeren* zur Ruhe führen; Adv. an, ein

anbeginne st. n. Anfang

ande sw. m. Zorn

anden sw. strafen, rügen

anderhalp, anderthalben Adv. auf der anderen Seite

anders adverbialer G. anders, sonst, im übrigen

anderswd Adv. anderswo; anderswohin; nach verschiedenen Seiten

dne Adv. ledig, mit G. *des küneges dne* ohne den König, *eines dne tuon* eines berauben; Praep. mit A. ohne, aufser; *dne daʒ* Conj. ausgenommen dass

anegenge st. n. Anfang

anegengen sw. als Angang, Vorzeichen begegnen

ange Adv. eng, genau, sorgfältig
anger st. m. Rasenplatz
angest st. f. Bedrängnis, Noth, Gefahr, Sorge
angesten sw. in Sorge sein *umbe einen*
angestlich gefährlich, gefahrdrohend
antvanc (-ges) st. m. Empfang
antwerk st. n. Werkzeug, Maschine
antwürten sw. *eines d.* auf etwas antworten; *einen a.* überantworten, übergeben
ar sw. m. Adler
arbeit, arebeite st. f. Anstrengung, Mühe, Leid
arbeiten sw. sich anstrengen
arc (-ges) schlimm, schlecht, nichtswürdig; st. m. Feindseligkeit
arke st. sw. f. Kasten, Truhe
armbouge sw. f. Armring, Armspange
armen sw. arm sein, werden
arnen sw. *ein d.* ernten, die Frucht von etwas empfangen, für etwas büfsen
art st. f. Geschlecht, Abstammung; Art und Weise
arzenie st. f. Heilmittel; Heilkunde
asche sw. m.

B.

bâbest st. m. Pabst
bâgen st. zanken
balde Adv. schnell; heftig; *b. sagen* zuversichtlich behaupten, *sich b. vröun* sich kühnlich freuen
balsamite st. f. Balsambaum
balsme sw. m. Balsam
balt (-des) kühn; keck; rasch
ban (-nes) st. m. II
banier st. f. n. Fähnlein am Speer
bannen st. excommunicieren
bar entblöfst
bâren sw. auf Bahren legen

barmenære st. m. Erbarmer
barmunge st. f. Erbarmen
barn st. n. Kind (im Verhältnis zu den Eltern)
base sw. f. Vaterschwester
ba3 Adv. Comp. besser, mehr; bei Praep. und Adv. der Bewegung steigernd: *von schare b. ze schare; hôher b., ndher b.*
beda3 Conj. während
bêde, beide n. *bêdiu, beidiu* beide; *b. — unde* Conj. so wohl — als auch
bedenken anom. ein d. auf etwas denken, *einen* für jemand sorgen; *sich b.* überlegen, *eines d.* sich zu einer Sache entschliefsen
bevdhen anom. umfassen, umfangen
bevelhen st. anempfehlen
bevinden st. erfahren, merken
bevollen Adv. völlig
begân anom. ein d. etwas thun, üben, mit einer Sache umgehn; *sich b.* sich Unterhalt verschaffen; leben
begegene Adv. entgegen
beginnen anom. *eines d.* etwas anfangen; mit Inf. zuweilen nur Umschreibung für die (eintretende) Handlung
behaben sw. behalten, behaupten
behagen sw. gefallen, passen
behalten st. bewahren, aufbewahren; *einen* bewirten
behâhen anom. st. behängen
behanden = *bî handen*
beheften sw. bestricken
behêren sw. *sich eines* sich gegen jemand überheben
behern sw. *einen eines d.* berauben
beherten sw. behaupten, erzwingen
behüeten sw. behüten; verhüten
beide s. *bêde*
beidenthalp, bêdenthalben Adv. auf beiden Seiten
beiten sw. warten; im Zaume halten, zwingen
bejagen sw. erwerben
bekennen sw. kennen; erkennen, kennen lernen; *bekant haben*

kennen, wissen; *b. sin* offenbar, sichtbar sein; *trûren ist mir bekant* ich traure, *mir wirt zürnen b.* ich werde zornig; *b. tuon* kund thun, offenbaren
bekêren sw. umwenden, abwenden, *eines d.* von etwas
bekerkeln sw. einkerkern
beklîben st. fest wachsen, gedeihen
bekomen st. kommen, *einem* begegnen, erreichen
belangen sw. langweilen; *mich b—t eines* ich verlange, sehne mich nach jemand, *eines d.* etwas verdrießt mich
beleiten sw. begleiten
belîben st. bleiben; unterbleiben
benahten sw. die Nacht zubringen
benemen st. nehmen; *eʒ einem b.* jemand hindern
ber sw. m. Bär
berâten st. *eines d.* versorgen, versehen
berc (-ges) st. m. *ze berge* aufwärts
bereden sw. besprechen, von etwas reden; beweisen; *einen eines d.* jemand von einer Anschuldigung befreien
bereit bereit, bereitwillig; Adv. *bereite* bereits
bereiten sw. zurechtmachen; *sich dan b.* sich zur Abreise vorbereiten
bergen st. verbergen; sichern
berihten sw. zurechtmachen, herrichten, bestellen; belehren
berinnen st. überströmen
bern st. tragen; gebähren, hervorbringen; *wol geborn* vornehm
bern sw. schlagen, prügeln
beruochen sw. *einen* sich um jemand bekümmern, sich eines annehmen
bescheiden st. auseinandersetzen; zuweisen; erzählen; auslegen
bescheiden, bescheidenlich verständig
bescheidenlîchen Adv. bestimmt, deutlich; verständig, klug
bescheinen sw. zeigen
beschern sw. zu Theil geben
beschirmen, beschermen sw. durch Parieren beschützen; abwehren
beschœnen sw. verschönen, verherrlichen; beschönigen

beschouwen sw. schauen; *einen ein d. b. ld3en* einem etwas beweisen
beseme sw. m. Besen
besenden sw. durch Boten zu sich rufen; *sich b.* die Lehnsleute berufen
besengen sw. versengen
beserken sw. in den Sarg legen
besitzen st. in Besitz nehmen
beslie3en st. ein-, um-, verschliefsen
besorgen sw. mit Sorge bedenken
besperren sw. zusperren
bestân anom. bleiben; ausbleiben; *tôt b.* auf dem Platze bleiben; *einen b.* angehn, angehören; angreifen, oft *mit strite b.*; *ein d. b.* bestehn, *die warte b.* den Anstand besetzen
beste Adv. am besten
bestellen sw. in Stand setzen
bestiften sw. einrichten
besunder Adv. besonders, abgesondert
besuochen sw. nachsuchen
beswœren sw. mit Sorge, Trauer erfüllen, bekümmern, kränken
betagen sw. zu Tage bringen; den Tag zubringen
bete st. f. Bitte
betiuten sw. deutlich machen, erklären; aussagen
betœren sw. besinnungslos, zum Thoren machen, halten; verspotten
betouben sw. betäuben
betrâgen, mich b—t eines d. etwas wird mir zu viel, lästig
betrüeben sw. trübe machen; erzürnen
bette st. n. Lager zum Sitzen oder Liegen
bettedach st. n. Bettdecke
bettestat st. f. Lagerstätte
bettewdt st. f. Bettvorhänge, *undèr die b.* unten an, hinter die Bettvorhänge
betwingen st. bezwingen, zwingen, *ein d. an einem* jemand zu etwas
bewœren sw. als wahr beweisen

bewarn sw. behüten, beschützen, *eines d.* vor etwas; *ein d.* verhüten, unterlassen; *bewart* gesichert; *an zühten wol b.* in Anstand untadelig
bewarten sw. beschauen
bewegen st. *sich eines d.* sich einer Sache entschlagen, sich von etwas lossagen
bewenden sw. zuwenden, geben; *bewant* geartet, sich befindend, ausschlagend; *ze sorgen b.* sorgenvoll
bewinden st. umwinden
bewisen sw. zurechtweisen, belehren, *eines d.* über etwas
bezeigen sw. bezeichnen, anzeigen
bezimbern sw. bauen, bereiten
bezite = *bi zite* bei Zeiten, bald
bezoc (-ges) st. m. Unterfutter
bi Praep. mit D. bei, mit; *bi einem wesen* mit einem verkehren; *wunder bi ungefuoge* Wunderbares und dabei Ungeheures
biderbe tüchtig, edel
bieten st. bieten, anbieten; *ein d. an einen b.* einem etwas anbieten; *gendde b.* Dank sagen; *lougen b.* läugnen; *die hant b.* mit Handschlag geloben; *sich einem ze füeʒen b.* einem zu Füßen fallen; inständig bitten; huldigen
bilde st. n. Bild, Zeichen; Vorbild
billiche Adv. mit Recht, von Rechtswegen
binden st.; *daʒ gebende b.*, den Kopfputz anlegen; *einer b.* einer jungen Frau den Kopfputz anlegen, welcher sie von den Jungfrauen unterscheidet; *ze beine b.* gering achten; *den helm ûf b.* den Helm, der mit Riemen am Kopfe befestigt wurde, aufsetzen; *zelte ûf b.* aufspannen
birge st. n. = *gebirge*
birsære st. m. Jäger
birsen s. *pirsen*
bispel st. n. Fabel, Gleichnis; Sprichwort
biten anom. bitten, gebieten, befehlen; *eines d.* um etwas bitten
biten st. warten, *eines d.* auf etwas

bitterlichen Adv. schmerzlich, ingrimmig
biȝ Adv. bis
blā (*-wes*) blau
blāsgeselle sw. m. Mitbläser
blecken sw. sichtbar sein, blofs liegen
bleichen sw. bleich sein, werden
blicken sw. blitzen; blicken
blīde Adj. und Adv. froh; freundlich
blœde schwach, schwachsinnig
blóȝ entblöfst, besonders von Kleidern und Waffen
blüemen sw. wie mit Blumen verzieren
bluome sw. m. Blume, Blüte
bluot st. m. Blüte
bluotvar (*-wes*) blutgefärbt
buneiȝ s. *puneiȝ*
bœse niedrig, verächtlich, schändlich, schlimm; Adv. *bœslichen* übel, schlimm
borte sw. m. Band von Seide oder Goldfaden
bosch st. m. Busch
bôsen sw. böse, schlimm sein, werden
botenbrôt st. n. Lohn für überbrachte Nachricht
bouc (*-ges*) st. m. Ring, Spange
bôȝen sw. klopfen, pochen, schlagen
brâ st. sw. f. Augenbraue
bracke sw. m. Spürhund
brant (*-des*) st. m. II Feuerbrand; Brand
brechen st. intrans. brechen; dringen; trans. brechen, durchbrechen, reifsen; *den wurf mit sprunge b.* über das Wurfziel hinausspringen
breste sw. m. Mangel
bresten st. brechen (intrans.)
briefen sw. niederschreiben
bringen anom. bringen; vollbringen
brinnen st. brennen
brīs s. *prīs*

brogen sw. sich bäumen; trotzen, sich übermüthig benehmen

brůeven, průeven sw. zurechtmachen, rüsten, hervorbringen; untersuchen

brunne sw. m. Brunnen, Quelle, frisches Quellwasser

brünne, brünneje, brünege st. f. Panzerhemde aus Stahlringen

brût st. f. Braut, junge Frau

brûtmiete st. f. Brautlohn, Mitgift

buckel st. m. sw. f. halbkugelförmiger Erzbeschlag in der Mitte des Schildes

büeʒen sw. *ein d.* ein Uebel, einen Mangel beseitigen, abstellen; *einem eines d.* jemand von etwas befreien

buggerdmen mit *buckeram* (einem kostbaren Stoff aus Ziegenhaaren) bekleiden

buhurdieren sw. den *buhurt* reiten

buhurt st. m. ritterliches Kampfspiel, wobei man in Scharen mit Speeren auf einander ansprengte

bunt Adj.; als Subst. eine Art Pelzwerk

buoʒ st. m. (?) *mir wirt, ist eines d. b.* ich werde, bin für etwas entschädigt, von etwas befreit

burc (-ge) st. f. Burg; Stadt

busînen sw. posaunen

butze sw. m. Schreckbild; Unhold oder ein so verkleideter Mensch

C. s. K.

D.

dâ Adv. da, dort; wo; auch durch Attraction = *dar dâ* dahin wo; im Eingang erläuternder Antworten; demonstrativ vor Ortsbestimmungen mit Praep.: *dâ ze Becheldren*; vor Adv. und Praep. um diesen demonstrative oder relative Beziehung zu verleihn: *dâ bi* daneben, *dâ mite, von, zuo*; *dar* vor Vocalen und einigen Consonanten: *dar an, in, inne, über* überdies, *umbe, under* dabei, darüber, unterdessen, *nâch, zuo* außerdem, dahin, darauf; abgeschwächt *der*: *derfüre* davor, und syncopiert *drunder*; zuweilen anstatt eines persönlichen Pron.: *die minneclichen dâvon* von welcher .. *im geschach*; verstärkend bei Pron. relativ. *die er dd hete gewunnen, swer der*

dagen sw. schweigen

danc st. m. Dank; *d. hân* [Lob und Preis erhalten; *habe danc!* gut gemacht; *d. sagen* preisen; *dankes* mit Willen, gern; *âne danc* wider Willen

danne, denne, dan Adv. dann; alsdann; also; nach Comparativen als; in Conditionalsätzen mit oder ohne *ne* aufser: *ich enwolde iu danne liegen* aufser wenn ich löge

dannen, dane, dan Adv. hinweg, von da, fort, bei Seite

dannoch Adv. noch immer, noch; beim Praet. damals noch

danwert Adv. wegwärts, hinweg

dar Adv. dahin, dazu, hin, her; wohin, wozu; mit Attraction = dar dd s. *werben*; *nû dar* nur zu! drauf!

decke blôz bedecke die Blöfse!

declachen st. n. Bettdecke

degen st. m. (Knabe) Held

degenheit st. f. Heldenhaftigkeit, Tapferkeit

degenliche Adv. heldenhaft

dehein, hein, dekein, kein irgend ein, kein; *deheiner nie* keiner je

deiswdr, déswdr = *daz ist wdr* wahrhaftig

denkelin st. n. kleiner Dank

denken anom. denken, gedenken; *eines d. d.* etwas sich vornehmen; mit Inf. oder mit *ze* und Inf. wollen

der diu daz 1) Pron. demonstrativum: dieser, der; zuweilen unmittelbar hinter dem Subst.: *Sifrit der fuorte ir einen*; nach dem Sinne construiert: *swaz ich freuden hête diu liget*; 2) relat. welcher, der; zuweilen = demonstr. und relat. *âne dies (die die es) ê pflâgen*; mit Attraction: *alles des ich ie gesach (des daz)*; wenn jemand: *der sîn hete gegert ze koufen .. was er wol wert*; 3) Artikel: der; zuweilen mit st. flectiertem Adjectiv, besonders dem Pron. poss.: *die mîne mâge*; nach dem Subst. mit dem Adj.: *golt daz rôte*, mit dem G.: *phant daz Kriemhilde*; vom Subst. durch den G. getrennt: *daz Siglinde kint*; mit Praep. zur

Bezeichnung der Herkunft: *der von Spdne; die von Berne;* vor praedicativem Adj.: *Etzel was der küene.* Casus als Partikeln: Acc. Sing. n. *daʒ* in Inhaltsätzen, Folgesätzen: so dass, in Absichtsätzen: damit, in Ausrufesätzen: dass doch; mit Praep. *durch daʒ* deshalb weil, damit; mit Zeitadv. *é daʒ* bevor, *unz daʒ* bis; G. *des* deshalb, darüber, darauf, dazu; Instrum. *diu* nach Partikeln: *sit diu* seitdem; vergleichend in *diu baʒ* um so mehr, *diu geliche* demgemäfs
deste (= *des diu*), *dester* um so mehr, desto
deweder irgend einer von zweien; keiner von beiden
dicke, dike Adv. oft
dienen sw. dienen, *ein d.* durch Dienst erwerben, vergelten
dienest st. m. und n. Dienst, Dienstwilligkeit
dienstlichen, dienstlich dienstbar, dienstbeflissen
diet st. f. Volk, Leute
dieʒen st. schallen, rauschen
dinc (-ges) st. n. Sache
dingen sw. gerichtlich verhandeln, Vertrag schliefsen
dingen sw. hoffen
dishalben, dishalp Adv. auf dieser Seite
diu st. f. (G. *diuwe*) Dienerin, Magd
dô, duo Adv. und Conj. da; als
doch Conj. doch; in Concessivsätzen: auch
doln sw. dulden, leiden
dôn st. m. II Ton, Melodie, Lied
dœnen sw. tönen
dörpellich bäurisch
dörperheit st. f. bäurisches Wesen, Roheit
dôʒ st. m. II starker Schall, Krach
drâte Adv. eilig, alsbald
dræjen sw. wirbeln
dræte schnell
drien sw. zur Drei machen
driunge st. f. Dreiheit
dringen st. einen drängen

drô st. f. Drohung
dröuwen sw. drohen
drûch, drû st. f. Falle, Fangeisen
drüʒʒel st. m. Kehle
dûf st. m. (?) Diebstahl
dulteclich geduldig
dulden, dulten sw. erleiden, erfahren
dumme, in nomine d. = *domini*
dunken anom. *einen* dünken, scheinen
duo = *dô*
durch, durh Praep. mit A. durch; wegen, zu, um — willen, aus (Beweggrund); *dur daʒ jâr* das ganze Jahr hindurch, jahraus jahrein
durchsüeʒen sw. durchaus lieblich machen, mit vollem Reize schmücken
durfen anom. *eines d.* bedürfen; mit Inf. nothwendig haben, Ursache zu etwas haben; brauchen; *dörften nimmer bestân* thäten besser nicht anzugreifen
dürfte st. f. Bedürftigkeit
dürkel durchbohrt, durchlöchert
duʒ (*-ʒes*) st. m. II Schall
dûʒe Adv. da aufsen

E.

ê Adv. früher, vordem; Conj. auch mit *daʒ* bevor, ehe, lieber als dass
ê st. f. Gesetz; Stand
ebenære st. m. Gleichmacher
ebencristen st. m. Mitchrist
ebene Adv. gleichmäfsig, ruhig; so eben; *in eben einem* neben
ebenstarc gleichstark
eberswîn st. n. Eber
êgester Adv. vorgestern
êhaft gesetzmäfsig; begründet, wahrhaft
eht, et, ot Adv. nur; eben, doch

eiden sw. beschwören, mit einem Eide verpflichten

eigen eigen; hörig, leibeigen: *eigen man*; st. n. Eigenthum, Grundeigenthum. Adv. *eigenlichen* als, wie ein Leibeigner

einer einiu eine3 Zahlwort: unflectiert in *ein ander* einer dem, den andern; *über ein* insgesammt, durchaus; *einer niht* nicht ein einziger; *min eines hant* ich allein; 2) unbestimmter Artikel, auch im Plur. gebraucht: *ze einen sunewenden*; zuweilen wo wir den bestimmten Artikel setzen: *an einen sant* an das Ufer, *grüener dann ein gras* als das Gras; vor Superlativen mit dem bestimmten Artikel verbunden: *ein der allerbeste* einer der allerbesten; *ein* fehlt nach *ie, iemer: ie fuo3* je einen Fuss

eine Adv. allein, einsam; *eines d.* beraubt einer Sache, ohne etwas

einhalp Adv. auf der einen Seite

einic (-ges) einzig

einlœtic (-ges) stets gleich gewichtig, beständig

einst = *eines* adverbialer G. einmal

einunge st. f. Einheit

eischen st. verlangen, fordern

eislich schrecklich, furchtbar

ecke st. f. Schneide, Schärfe

elch st. m. Elenthier

ellen st. n. auch Pl. (Eifer) stürmische Kraft, Tapferkeit

ellende fern von der Heimath, fremd, verbannt, unglücklich; st. n. Fremde, Verbannung

ellenden sw. sich auswandern

ellenhaft, ellenthaft stürmisch, muth- und kraftvoll

en s. *ne*

enbern st. *eines d.* ohne etwas sein, nicht haben, frei bleiben von

enbieten st. sagen lassen, *bi einem* durch jemand; *dienst e.* Dienstbereitschaft melden lassen

enbi3en st. (*bin enbi33en*) Mahlzeit halten

end = *é* Adv. und Conj. ehe

ende st. m. und n. Ende: *an dem e.* zuletzt; *unz an den e.* bis zuletzt; oft *ein e.* das Ende, *dêst ein e.* das steht fest, *eines d. an ein ende kumen* vollständig erfahren, *ein e. geben eines d.* vollständig erzählen, *ez hât ende an uns* wir haben zu Ende gebracht; *an allen e.* nach allen Seiten hin, *viern enden* an vier Enden

endelichen, endeclichen Adv. vollständig, sicherlich, entschieden
enden sw. beenden, vollenden
ener = *jener*
enein, eneine Adv. zusammen; *e. werden eines d.* etwas beschließen
engân anom. entgehn
engegene, enkegene Adv. entgegen
engelten, enkelten st. *eines d.* für etwas entgelten, büſsen, Nachtheil von etwas haben
engestlich gefahrvoll
engiezen st. ausgießen
enhant, enhende Adv. in der, in die Hand
enheinez = *ne deheinez*
enmitten Adv. inmitten, in der Mitte; *enmitten zwei* mitten entzwei
enouwe Adv. stromabwärts
enphâhen anom. empfangen, aufnehmen, willkommen heißen *in ein lant*
enphelhen st. anempfehlen
enphinden st. *eines d.* etwas merken, fühlen
enphliehen st. entfliehen
ensamt Adv. zusammen
enthalten st. aushalten, ertragen; *sich* Halt machen, halten
entladen st. ausladen
entrennen sw. lostrennen
entrihten sw. in Unordnung bringen
entrinnen st. entfliehen
entriuwen Interj. traun, wahrhaftig
entsliezen st. aufschließen, öffnen
entstân anom. verstehen, einsehen, bemerken
entsweben sw. einschläfern
entswellen st. abnehmen; besänftigt werden
entwâfen (eigentlich *-fenen*) sw. die Rüstung abnehmen

entwenen sw. entwöhnen
entwern sw. *eines d.* etwas nicht gewähren, versagen
entwesen st. *eines d.* ohne etwas sein
entwich st. m. Flucht, Entweichung
entwichen st. weichen, *einem uʒ helfe* von jemandes Verteidigung
entwonen sw. sich entwöhnen
enweder keiner von beiden
enwiht s. *wiht*
enzünden sw. anzünden
enzwischen Praep. mit Dat. und Adv. zwischen
er siu eʒ Pron. der III Person, im D. *im, ir, in* auch reflexiv.
  eʒ als unbestimmtes Subject bei Impersonalien; bei invertierten Sätzen der III Person vorausgeschickt; vor Nennung des Namens: *ich binʒ Hagene*; als unbestimmtes Object s. *eʒ vriden, sűenen, wol tuon* u. a.
er vor Namen und Titeln = *her*
erarnen sw. = *arnen*
erbarmen sw. *einem, einen* jemand zum Erbarmen bewegen
erbeit = *arebeit*
erbeiten sw. *eines* jemand erwarten
erbeiʒen vom Pferde absteigen
erben sw. vererben
erbermde st. f. Barmherzigkeit
erbieten st. erweisen, *eʒ einem güetliche, minnecliche* einem Freundlichkeit erweisen
erbinden st. losbinden
erbiten anom. durch Bitten erlangen
erbîten st. warten; *eines, eines d.* jemand, etwas erwarten
erblenden sw. blenden
erborn geboren, angeboren
erbrinnen st. anbrennen (intrans.)
erbunnen anom. *einem eines d.* einem etwas missgönnen
erbürn sw. erheben
erdieʒen erschallen; von lebenden Wesen: aufschreien, brüllen
erdringen st. durch Drängen gewinnen

erdürsten sw. verdursten

erdwingen s. *ertwingen*

ére st. f. oft Plur. Ansehn, Ruhm, besonders Kriegs- und Siegesruhm; Herrlichkeit, Anstand und Pracht; edle Gesinnung; Ehre; *dur é.* um der Ehre willen, *dur eines é.* jemand zu Ehren; *nâch éren* auf ehrenvolle Weise, in Ehren

ervarn st. durchfahren; erforschen, *an einem* bei einem

ervällen sw. fällen, niederhauen

ervinden st. gewahren; kennen lernen, erfahren; *bî einem* durch jemand, *an einem* jemand etwas abfragen

erfiuhten sw. feucht machen, erfrischen

ervollen sw. *den muot* die Lust befriedigen

ervorhten sw. fürchten

erfüllen sw. füllen; Kleider: mit Pelz füttern

erfür = *herfür*

ergâhen sw. ereilen

ergân anom. ergehn, geschehn; enden, ausschlagen

ergeben st. übergeben, in die Gewalt geben

ergetzen sw. einen eines d. (ein d.) jemand etwas vergessen machen, für etwas entschädigen

erglesten sw. erglänzen

ergraben st. eingraben, gravieren

erheben anom. aufheben, anfangen; mit erhabner Arbeit verzieren

erhellen st. erschallen, tönen

erhœren sw. hören

erholn sw. *sich* sich aufraffen, wieder erheben

erhouwen sw. st. aufhauen

erüteniuwen sw. erneuen

erkennen sw. kennen; erkennen; *erkant* bekannt, erprobt; *ûzerkant* = *ûzerkorn*

erkiesen st. ausersehn, auserwählen; *ûzerkorn* auserlesen

erkôsen sw. *sich* sich plaudernd unterhalten

erkrimmen st. mit den Krallen zerhacken

erkunnen sw. erforschen, erfahren

erkülelen sw. abkühlen, kühl machen

erkuolen sw. kühl werden
erlaben sw. laben, stärken
erlâzen st. *einen eines d.* einem etwas erlassen
erlesen st. lesen
érlich ehrenvoll, ansehnlich, vortrefflich; Adv. *érlichen*
erliden st. sich gefallen, geschehen lassen
erliuten sw. laut werden; von Hunden: zu bellen beginnen
erloufen st. im Lauf erreichen
ermanen sw. *einen eines d.* jemand an etwas erinnern
ermen sw. arm machen
ermordern sw. ermorden
ernern sw. am Leben erhalten
ernestlichen, ernslichen Adv. kampfbereit
erniuwen sw. erneuen; *sin vart wart erniuwet von heizem bluote naz* seine Fährte ward frisch beschneit, frisch begossen mit heißem, nassen Blute
érre früher
errechen st. vollständig rächen
erreizen sw. aufreizen
erschamen sw. *sich* sich zu schämen beginnen, voller Scham werden
erscheinen sw. zeigen
erschellen st. erschallen; sw. erschallen lassen
erschrecken st. und sw. *erschricken* sw. zusammen-, zurückfahren; erschrecken, in Schrecken gerathen
ersehen st. gewahren, merken
ersmielen sw. zu lächeln anfangen
ersprengen sw. zum Springen bringen, aufjagen
érst, Ordinale der Einzahl; *zem, von érsten* zuerst; *érste* Adv. erst, zuerst
ersterben st. sterben
erstrîten st. durch Streit erlangen, bewirken
ersuochen sw. prüfen
erteilen sw. urtheilen, *einem* zusprechen
ertoben sw. zu rasen beginnen, *des muotes* im Geiste; *ertobt* rasend geworden

ertœren sw. zum Thoren machen, von Sinnen bringen, betäuben

ertôren sw. zum Thoren werden

ertwingen, erdwingen st. erzwingen, zwingen

erwagen sw. sich hin und her bewegen

erwarmen sw. warm werden

erwegen sw. bewegen, erregen

erwenden sw. zum Abstehn bringen; *eines d.* von einer Sache abbringen; *ein d.* abwenden

erwerben st. erwerben, ausrichten

erwern sw. abwehren

erwigen ermattet, erschöpft

erwinden st. abstehn, umwenden; *eines d., an einem d.* von einer Sache ablassen

erzeigen sw. zeigen, aufweisen

erzenîe st. f. Arzneikunst

erziehen st. aufziehn, züchtigen; züchtigen

erziugen sw. beweisen, zeigen

erzünden sw. entzünden, entflammen

erzürnen sw. zornig werden

eteslich, etelich mancher, irgend einer

eteswenne, ettewenne Adv. irgend ein Mal

F. V.

vach st. n. Reihe von Faden, Ringen u. a.

vadem st. m. Faden

vdhen anom. fassen, ergreifen, gefangen nehmen; *ane v.* anfangen; *vdhe zuo mir* ziehe an mich

val (-les) st. m. II Fall; *der tœtliche v.* der Tod; *ze valle geben* ins Verderben stürzen

val (-wes) fahl, entfärbt

vdlandinne st. f. Teufelin

vdlant (-des) st. m. Teufel

falde st. sw. f. Einschlagtuch, Tuch zum Einschlagen von Kleidern

vallen st. fallen; zufallen

valsch falsch, treulos; st. m. Falschheit, Treulosigkeit; falsches Geld
vane sw. m. Fahne
vanke sw. m. Funke
valwen sw. fahl werden
var (*-wes*) farbig, gefärbt; *ndch einem d.* von etwas
vdr st. f. Nachstellung; *einem ze vdre* zu eines Verderben, gegen jemand
vdren sw. lauern, trachten, streben
væren sw. nachstellen
varn st. sich fortbewegen; fahren, ziehn, reisen; *varende* herumziehend: vergänglich; fähig zu gehn, gesund; *v. guot* bewegliche Habe; *v. diet* wandernde Sänger; *mit einem v.* mit einem umgehn, *mit einem d.* mit etwas verfahren; *eʒ vert umbe einen* es geht mit einem; *wol v.* sich wol befinden; *sldfen v.* schlafen gehn; *ich bin gevarn* mir ist es ergangen
vart st. f. II Fahrt, Weg; Spur; *an die v.* auf den Weg
varwe st. f. Farbe, Bemalung
vaste Adv. fest, dicht, nahe; stark
vastenkiuwe st. f. Fastenspeise
vaterlichen Adv. väterlich
vaʒʒen sw. fassen, ergreifen, nehmen
vech (*-hes*) bunt
vedere sw. f. Feder; Plur. flaumiges Pelzwerk
vehten st. fechten; kämpfen; sich abmühn; *ane v.* beunruhigen
veige dem Tode bestimmt, verfallen; eben getödtet; Adv. *veicliche* hinfällig
vellen sw. fällen, zu Falle bringen
velsche st. f. Falschheit
velschen sw. fälschen; *gevelschet varwe* Schminke
venster st. n. Fenster, Fensteröffnung
verbern st. unterlassen, vermeiden
verbieten st. verbieten; zu hoch verwetten
verbinden st. festbinden, aufbinden
verch st. n. innerstes Leben, Sitz des Lebens

verchbluot st. n. Lebensblut, Herzblut
verchgrimme so wüthend, dass es ans Leben geht, todesgrimmig
verchtief tief bis aufs innerste Leben
verchwunde sw. f. Todeswunde
verchwunt (*-des*) todwund
verdagen sw. verschweigen, *einen ein d.; verdaget sin eines d.* mit etwas verschwiegen sein, zurückhalten
verdenken anom. *sich* sich bedenken, vorsehn
verdienen sw. (durch Dienst) erwerben, vergelten; sich verdienen
verdiezen st. austönen, verhallen
verdriezen st. *mich verdriuzet* mir wird zuviel; *eines, eines d.* jemand, etwas fällt mir lästig
verdringen st. verdrängen
vereinen sw. vereinigen, *sich eines d.* sich in Besitz einer Sache setzen
vereischen st. erfahren
vereiten sw. verbrennen, durch Feuer verwüsten
verenden sw. zu Ende bringen, vollenden; zu Ende kommen; enden
vervdhen anom. *einen* fördern, einem helfen
vervarn st. vergehn
vervellen sw. zu Falle bringen
vergdn anom. *einen* vorübergehn an
verge sw. m. Fährmann
vergeben st. *einem* Gift geben, vergiften
vergebene Adv. vergebens, umsonst
vergelten st. zurückzahlen, bezahlen
vergezzen st. *eines d.* etwas vergessen; *sich an einem d. v.* einen Fehltritt begehn mit, sich irren in
vergiseln sw. *einen* verpfänden, zum Pfande geben
verguot Adv. (= *vür guot*) *nemen* annehmen, vorlieb nehmen
verheln st. *einen ein d.* einem etwas verheimlichen
verhéren sw. durch Hoheit entfernen
verholne Adv. heimlich
verhouwen st. in Stücke hauen; verwunden, erschlagen

verjehen st. *eines d.* etwas aussagen, bekennen; versprechen;
  einem eines d. einem etwas nachsagen, zugestehn
verirren sw. irre führen, *einen eines d.* berauben
verkebesen sw. zum Kebsweib machen, Kebse nennen
verkéren sw. verändern, umwandeln; besonders zum schlimmen: übel deuten, verleumden
verkiesen st. *ein d.* aufgeben; *ûf einen* einem verzeihen
verklagen sw. *einen* zu beklagen aufhören, verschmerzen
verlâzen st. loslassen; unterlassen, lassen, verlassen
verliesen st. verlieren, verderben; nutzlos thun
verligen anom. liegend versäumen; Part. *verlegen* in Trägheit versunken
verlisten sw. überlisten
vermelden sw. verrathen
vermezzen st. *sich* das Mafs seiner Kräfte zu hoch anschlagen, *eines d.* sich einer Sache erkühnen; Part. Praet. kühn
vermîden st. *ein d.* unterlassen
vermissen sw. verfehlen, fehlgehn
vernemen st. erfahren, hören, *von einem, umbe einen* über jemand
verphlegen st. aufhören zu pflegen, aufgeben
verphlihten sw. *sich ze einem d.* sich hingeben an, Theil nehmen an
ferrans st. m. (?) Zeuch von Seide und Wolle, Ferrandine
verre fern, entfernt, weit; Adv. fern, weithin, *verre dan*; bei Comparativen: weit; Superl. *verrist* Adv. in der weitesten Ferne
verren sw. *einem* entfernen von
verrihten sw. schlichten, in Ordnung bringen; zerstören (?)
verrücken sw. aus der Stelle bringen, verrücken
versagen sw. abschlagen; *einem v.* oder *dienst v.* Dienstbereitschaft aufkündigen
verschallen sw. überlärmen, übertönen
verschampt sich nicht mehr schämend, schamlos
verschelken sw. knechten, erniedrigen
verschragen sw. versperren durch Balken
verschrenken sw. mit Schranken umziehn

verschróten st. zerhauen; zerschneiden, kurz schneiden
verschulden sw. verdienen; eine Schuld abzahlen
versehen st. *sich* vermuthen, *eines d.* auf etwas rechnen
verséren sw. verletzen
versinnen st. *ein d.* merken, *sich* sich besinnen, entschliefsen; *sich eines d.* sich einer Sache bewust sein, etwas bemerken
versitzen anom. *ein d.* sitzend, wohnend versäumen; Part. *verseʒʒen* falsch, übel niedergesessen
versmáhen sw. *einem* geringfügig vorkommen, gleichgiltig, zuwider sein
versniden st. durchschneiden, verwunden; verkürzen
versolden sw. besolden, beschenken
versoln sw. verschulden, verdienen; die Schuld abtragen, vergelten
versparn sw. schonen
versprechen st. verreden, abweisen
verstán anom. warnehmen, bemerken; *ʒe arge* als Feindschaft auslegen; *sich v.* verstehn, sich besinnen, *eines d.* bemerken; Part. *verstán* verständig
versteln st. wegstehlen
versúmen sw. vernachlässigen, *sich v.* säumen
versuochen sw. versuchen, erproben; besonders *sich v.* durch Angriff und Kampf sich mit jemand messen; *eʒ an einem v.* sich an jemand machen
verswachen sw. schänden
verswenden sw. verschwinden machen
verswenken sw. wegschwingen, *gâbe* freigebig austheilen
verswern anom. verschwören
vert Adv. voriges Jahr, im vorigen Jahre
vertragen st. hingehn lassen, ertragen
vertriben st. wegtreiben, abtreiben
vertuon anom. verbrauchen, weggeben
vervælen sw. verfehlen, nicht treffen
verwænen sw. *sich* glauben, *eines* jemand zu finden hoffen
verwarren dialektisch für *verworren* Part. Praet. von *verwirren*

verwdʒen st. (wegblasen) verderben; verfluchen
verwegen st. *sich eines d.* sich zu etwas entschliefsen
verweisen sw. verwaisen, berauben
verwenden sw. hinwenden, hingeben
verwesen st. vernichten
verwieren sw. einlegen
verwinden st. verschmerzen
verwiʒen st. zum Vorwurf machen
verzagen sw. von einer That abstehn, zurückweichen; *eines d.* aufgeben, versäumen
verzihen st. aufgeben, verzichten auf
verziln sw. durch Zielen verderben
verzinsen sw. *ein d.* Zins geben für
vesten (*-enen*) sw. befestigen, versichern, zusichern
veter sw. m. Vatersbruder
veʒʒel = *schiltveʒʒel*
viant, vient, vint (*-des*) st. m. Feind; Comp. *vinder* feindseliger
videlære st. m. Fiedler, Geigenspieler
videle sw. f. Fiedel, Geige
vil Adj. nur im unflectierten n. vorhanden; mit G. wo wir 'viel adjectivisch gebrauchen: *vil der riche* viele Reiche; Adv. sehr, vor Compar. viel
villen sw. schinden, geifseln, strafen
vinden st. finden, antreffen, erfahren, *an einem* an oder von einem erfahren, erproben
vingerlin st. n. Fingerring
vinster st. f. Finsternis
fiuhte st. f. Feuchtigkeit, Nass
viuwerstat st. f. Feuerstätte
vlégen, vléhen sw. demüthig und inständig bitten, flehen
vliesen = *verliesen*
vlieʒen st. fliefsen, schwimmen, vom Wasser getragen werden
flinsherte kieselsteinhart
vliʒ st. m. Eifer, Sorgfalt; *v. hdn eines d.* Fleifs, Sorgfalt auf etwas wenden; *ze fliʒe* eifrig, sorgfältig

flizecliche, -lich Adv. eifrig, sorgfältig
flizen st. auch *sich* fl. eifrig sein; *eines für* jemand sorgen, *eines d.* etwas eifrig betreiben
vloite sw. f. Flöte; *vloitieren* sw. Flöte blasen
vlüetic (*-ges*) flutend, strömend
vluot st. f. Flut, strömendes Wasser; *bi der fluote* am Strande
vluȝ (*-ȝes*) st. m. II das Fliefsen, Strömen
vogel, vogt, voit st. m. Vormund, Verweser, Schirmherr, Fürst
vol (*-les*) Adj. voll, vollständig; *vol, vollen* Adv. völlig, ganz, bis zu Ende: *vol sprechen* ausreden, *vol komen* bis hin gelangen
volc st. n. Volk, Heer, Heerschar
volfüegen sw. vollständig schaffen, vollenden
volge st. f. Nachfolge; Zustimmung
volgen sw. folgen, begleiten, einholen; auch *mite v.; eines d. v.* in etwas gleichkommen; etwas befolgen
volle sw. m. Fülle, Vollständigkeit; *iuch endühte niht der v. an* euch schien es nicht genug zu sein mit; *mit vollen* in Fülle, völlig
volleclich Adj. und Adv. völlig; *vollecliche* Adv. ganz, durchaus
vollemeȝȝen vollständig, vollwichtig
volrecken sw. ganz sagen; vollstrecken
volziehen st. *eines d.* etwas ausführen
von Praep. mit D. von, von — her, von — weg, von — heraus, aus, wegen
vor Adv. vorn; vorher; Praep. mit D. vor
vorhte st. f. auch Plur. Furcht, *ze einem* oder *an einen* vor einem
vorhtlich furchtbar
vrâgen sw. *eines* oder *eines d.* nach einem, einer Sache
vrevellichen Ad. kühn; muthwillig
vreveln sw. gegen das Recht handeln
vreischen st. erfahren, vernehmen
freislich, freissam schrecklich, gefährlich; Adv. *freislichen*
vremde, vrömde fremd, fern, unbekannt, selten
vremden sw. meiden
freudehelfelôs ohne Freude und Hilfe

vrî frei, *v. von* ohne; *sprûche v.* sorglos im Reden, freimüthig
vride st. m. Frieden, Waffenstillstand, Schonung
vridebære friedliebend
vriden sw. *ez v.* Frieden schaffen; *einen v.* beschützen
vriedel st. m. Liebster, Geliebter
vrist st. f. Zeitraum
vristen sw. unversehrt erhalten; verzögern, versparen
vrîthof (-ves) st. m. Vorhof, Kirchhof
vriunden sw. Freunde suchen, sich befreunden
vriunt (-des) st. m. (N. und A. Plur. *vriunt*) Freund, Verwandter; Gefolgsmann; Freundin
vriuntlich freundlich; Adv. *friuntlîche* in der Weise eines Freundes, gütig
vriuntschaft st. f. Freundschaft, Verwandtschaft
vrô Adj. und Adv. froh, *eines d.* über etwas
vrôn dem Herren, besonders Gott gehörig, heilig
frônebære heilig
frônebote sw. m. Abgesandter des Herrn
vröude st. f. oft Plur. Freude, Vergnügen
vröuwen, vreuwen sw. erfreuen; *sich eines d.* sich über etwas freuen
vrouwe, vor Namen: *vrou,* sw. f. Herrin, Dame, Frau; *hêre frouwe!* heilige Mutter Gottes!
frouwelîn st. n. junges Mädchen oder Mädchen niederen Standes
früeje, fruo Adv. früh
vrum tüchtig; st. sw. m. (im Reim auch *vrun*) Vortheil, Nutzen
vrümekeit st. f. Tüchtigkeit
vrumen sw. fördern, schicken, schaffen; *einem* helfen; bei praedicativem Adj. machen: *tôt fr.* todtschlagen; *vallen frumen* zu Falle bringen
füegen sw. trans. verbinden, *einem ein d.* zu Theil werden lassen, bescheren; mit Inf. oder Nebensatz: bewirken; *sich f.* sich ereignen
vüeren sw. führen, bringen, tragen
fuoder st. n. Fuder, Fuhre
vuoge st. f. Anstand; Kunst

fuore st. f. Benehmen, Handlungsweise
fuoȝ st. m. II Fufs, *einen f.* einen Fufs breit; *an den f. gdn* dicht vor jemand hintreten, *für die füeȝe* in den Weg treten
für Praep. mit A. vor, zu, gegen, vor — hin, vorbei an; anstatt; Adv. vorwärts, hervor, voraus, vorüber
fürbaȝ Adv. weiterhin, fürderhin
fürbrechen st. *ein d.* über etwas hinausgehn, hingehn
vürbüege, fürgebüege st. n. Brustriemen der Pferde
fürder Adv. weiter, fort
vürewise Adv. vom rechten Wege ab; vergeblich
fürgebüege s. *vürbüege*
fürgedanc st. m. Vorsehung, Voraussicht
fürgespenge st. n. Spange vor der Brust
vürhten anom. *ein d.* und *eines d.*; *eines* für jemand
furrieren sw. füttern
furt st. m. II

G.

gách (-hes) und *gǽhe* Adj. und Adv. eilig; *mir ist gách* ich habe Eile, bin eilig, eifrig; adverbialer G. *gáhes* eilig
gadem st. n. Gemach, Zimmer
gagensidele st. n. Sitz gegenüber (dem Wirte), Ehrenplatz
gáhe sw. m. Schnelligkeit, Eile
gáhen sw. eilen; *eines d.* beschleunigen
galle sw. f.
gampelspil st. n. Possenspiel
gán, gén anom. gehen, kommen; mit Inf.: um zu; *an ein d.* etwas beginnen, angreifen; *abe gán eines d.* von einer Sache abstehn; *umbe gán* hergehn, sich wenden; *einem zuo g.* nahen
ganz unversehrt, vollständig, voll
gar (-wes) fertig, bereitet, gerüstet; Adv. ganz, vollständig, insgesammt
garzûn st. m. Fufsknappe, Page
gast st. m. II Fremder, besonders fremder Krieger

ge- tritt vor Verbalformen, die nicht mit Praepositionen zusammengesetzt sind, verstärkend und die Handlung abschließfsend; verleiht daher dem futurischen Praes. die Bedeutung des Fut. exact., dem Praet. die des Plusquamperfects: *obe dir got gefüeget* wenn dir Gott beschert haben wird; *dô die wegemüeden ruowe gendmen* sich Ruhe bereitet hatten; sehr häufig vor Inf. die von den Praeteritopraesentien abhängen: *kunde gevolgen*

gebe st. f. Gabe

geben sw. beschenken, *einen mit einem d.*

gebære, gebærde st. f. Gebährde, Betragen, Haltung; *in den gebæren* mit dem Anschein

gebâren sw. sich benehmen

gebénde st. n. Bande; Kopfputz der Frauen

gebieten st. befehlen; antreiben; anbieten; *swaʒ, swie ir gebietet* was, wie es euch beliebt; *got sol gebieten* möge fügen; *aller miner êren der got an mir gebôt* die Gott mir verlieh; *gebiut mir* hast du noch etwas zu befehlen? (Bitte um Urlaub)

gebreste sw. m. Mangel

gebresten st. gebrechen, mangeln; *mir gebristet eines d.* oder *an einem d.*

gebûre sw. m. Bauer

gedanc st. m. das Denken

gedigene st. n. Schar der *degene*, Rittergefolge

gedîhen, gedien st. Fortgang haben, in einen Zustand kommen

gedinge sw. m. st. n. Hoffnung, Vorsatz

gedranc (-*ges*) st. m. Gedränge

gevdhen st. intr.: eine Richtung nehmen, *nâch dem künne* in die Art schlagen

gevar (-*wes*) gefärbt, farbig; *liebt g.* hellfarbig

gevelle st. n. abschüssige oder durch umgestürzte Bäume, herabgerollte Felsen unwegsame Gegend

geverte st. n. Art zu *varn*, Ausrüstung, Aussehn

gevieret viereckig

gefriunt (-*des*) mit Freunden versehen, befreundet

gevůege schicklich; gewandt, artig, fein; Adv. *gevuoge*
gefügele st. n. Vögelvolk
gegen, gein, gên Praep. mit D. gegen, gegenüber; Adv. entgegen
gehaben sw. halten; *vor g.* vorenthalten; *sich g.* sich befinden, benehmen
geha3 (-3es) feindlich, feindselig
geheften sw. haften
gehei3 st. m. Versprechen
gehilze st. n. Schwertgriff
gehiure lieblich, hold
gehovet nach dem Hofe gerichtet
gehünde st. n. Hundeschar
geil froh
gejeide st. n. Jagd; Jagdbeute
gelangen sw. verlangen, *sich eines d. gel. lâ3en* sich nach einer Sache gelüsten lassen
geld3 st. m. n. Bildung, Gestalt
geleben sw. leben, *ein d.* erleben
geleite st. n. Geleit, Schutz, Begleitung; sw. m. Begleiter
gelf, gelph glänzend; lustig, übermüthig, frech; st. m. Uebermuth
gelich gleich, *eines g.* einesgleichen; Adv. *geliche* gleichmäfsig, gleich; *g. ligen* auf dem gleichen Spiele stehn; *dem g. tuon* durch Thaten beweisen
gelichen sw. vergleichen, gleichstellen; *sich* gleichkommen
gelingen st. *mir g—t wol* ich habe Erfolg, es geht mir gut
gelouben sw. glauben; *sich eines d.* etwas aufgeben, von einer Sache abstehn
gelt st. m. und n. Zahlung; Rente, Einkünfte; Ersatz; Pfand
gelten st. zurückgeben, bezahlen; wert sein
gelübde st. n. Versprechen, Gelöbnis
gelust st. m. II und f. Verlangen; Lust, Freude
gemach st. m. Ruhe, Bequemlichkeit, Annehmlichkeit
gemahele st. f. Verlobte, Gemahlin
gemeine gemeinsam, allgemein, übereinstimmend; *e3 g. haben*

zusammenhalten, verbündet sein; Adv. insgemein; st. f. Gemeinschaft, Antheil

gemeit froh, freudig; ansehnlich, stattlich, auch *wol g.*

gemelich lustig, scherzhaft

gemüete st. n. Stimmung

gemuot gesinnt, gestimmt, *hôchg.* frohsinnig, freudig

gén s. *gegen*; s. *gdn*

genâde st. sw. f. Herablassung, Huld, Güte; *eines g. hdn* sich über jemand erbarmen; *g.* in der Anrede elliptisch: ihr seid gütig, ich danke, oder: seid gnädig, ich bitte; daher *genâde sagen* Dank sagen

genædeclîchen Adv. huldvoll

genæme angenehm, beliebt

genesen st. mit dem Leben davonkommen, am Leben bleiben

genieten sw. *sich g. eines d.* sich an einer Sache sättigen, erfreuen

genieʒen st. *einen* oder *eines, eines d.* von einem, einer Sache Nutzen haben; auch ironisch: für etwas büfsen; *g. ldn eines d.* etwas zu gute kommen lassen; *genoʒʒen* activisch: Vortheil habend; *genoʒʒen hdn* von Hunden, die ein Stück Wildpret bekommen haben, um die Fährte desto eifriger zu verfolgen

genœte eifrig, *eines d.* begierig nach; Adv. *genôte* eifrig, fleifsig, heftig

genôʒ st. m. Standesgenosse, *eines g.* einem an Würde gleich; *mîn g.* meinesgleichen

genuoc (-ges) genug, Plur. hinreichend viele; adv. genug

gepinʒe st. n. Stofs, Schlag

ger, gir st. f. Begierde, Verlangen, *mir ist g.* ich strebe

gér st. m. Spiefs zu Wurf und Stofs

gére sw. m. Spiefs; Schofs des Kleides

gereht geschickt, bereit

gereite st. n. Reitzeug

gerinc (-ges) st. m. Bemühung

gerlich Adv. gänzlich

gern sw. *eines d.* begehren, *an einen* und *ze einem* von einem

gerne Adv. mit Vergnügen, gern, leicht; Compar. *gerner* lieber, mit mehr Lust
gerwen sw. rüsten
gesæʒe st. n. Sitz; Lager
geschehen st. einem geschiht wird zu Theil; auch: jemand thut
geselle sw. m. Gefährte, Freund; Freundin
gesellen sw. *sich* sich mit einem Gefährten verbinden
geselleschaft st. f. Waffenbrüderschaft
gesellicliche Adv. zu, in Gesellschaft
gesidele st. n. Einrichtung zum Sitzen
gesinde st. n. Dienerschaft; Kriegsgefolge; sw. m. Gefolgsmann
gesinden sw. zum Gesinde machen
gesite geartet, gesinnt
gesiune st. n. Gesicht
gesmide st. n. Geschmeide, Reitzeug
gespan st. n. *ringes g.* Ringgeflecht, Panzer
gespenge st. n. Spangen an der Rüstung
gestalt bestellt, beschaffen
gestân, gestén anom. stehen bleiben, bleiben, unterbleiben; *eines d.* gegen etwas Stand halten; *einem g.* zur Seite treten, beistehn; *einem eines d.* einem bei einer Sache helfen, etwas erlauben
gesteinet mit Edelsteinen besetzt
geströut Part.; dann Subst. hin und wieder aufgesetzte Stücke Pelzwerk
geswichen st. ermatten, *einem* jemand im Stiche lassen
geswigen st. verstummen
getriuwe zuverlässig, anhänglich, treu
getürstic (*-ges*) kühn
getwerc (*-ges*) st. n. Zwerg
getwergelin st. n. Zwerglein
getwerginne st. f. Zwergin
gewæfen st. n. Rüstung, Waffen
gewæte st. n. Kleidung
gewahs scharf
gewalt st. m. Gewalt, Herrschaft, Befehl; Gewaltthätigkeit

gewaltic (-ges) mächtig, *eines d. g. sin* über etwas gebieten
gewalticlich Adv. mit Gewalt
gewerbt, gewerp (-bes) st. m. Geschäft, Werbung
gewerlichen Adv. wehrhaft; = *gewarlichen* behutsam
gewinnen st. *ein d.* erwerben, erlangen; holen; überwältigen; *an einem* einem abnehmen, abgewinnen; *einen von einem d.* abbringen
gewon gewohnt, geartet
gewonheit st. f. Gewohnheit, Sitte
gewonlich der Sitte gemäfs
gewürhte st. f. gewürkte Arbeit
gezierde st. f. Schmuck
gezimber st. n. Gebäude
geziuge sw. m. Zeuge
gezogenlich wohlerzogen, anstandsvoll; Adv. *gezogenliche*
gie3fa3 st. n. Giefskanne
gift st. f.
gigare s. m. Geiger
gige sw. f. Geige
gimme st. sw. f. Edelstein
gisel st. m. Kriegsgefangener, Geisel
gitekeit st. f. Habgier
gitsen sw. habgierig sein
glanz glänzend; st. m. Glanz
glesin gläsern
golt (-des) st. n. Gold; goldner Ring
goltvar (-wes) goldfarbig
goltva3 (-3es) st. n. goldenes Gefäfs
gotes arm ganz arm
gouch st. m. Kuckuk; Bastard; Thor, Narr
gougelbühse sw. f. Büchse, Rohr eines Taschenspielers
gougelfuore st. f. Gaukelei, hin- und herfahrendes Wesen, Possen
goukel st. n. Zauberei; Possen
goume st. f. prüfende Aufmerksamkeit; *g. nemen eines* auf jemand Acht geben

grâ (*-wes*) grau; Subst. Grauwerk, Art Pelzwerk
gram feindlich
gremelich grimmig, schrecklich; Adv. *gremeliche, grimeliche*
grimme Adj. und Adv. grimmig, zornig; st. f. Grimm, Zorn
grinen st. knurren
grise grau, greis, alt
griulen sw. *mir g—t* mir graut, mich schaudert
griulich grausig, grausenerregend
gróʒ dick, stark; Adv. *gróʒe* sehr
græʒlich grofs, Adv. *græʒlichen* sehr, gewaltig
grüene grün; st. f. Grasboden
grüeʒen sw. ansprechen, begrüfsen
gruonen sw. grün sein, grün werden
guggaldei st. n. (?) Kuckuk (?)
guldîn golden
gülte st. f. Zahlung, *g. abe slahen* Schulden tilgen
gunnen anom. gerne sehen; *einem eines d.* einem etwas gönnen, wünschen; *einem ein d. ze tuonne* gestatten, erlauben
guot gut, tüchtig, förderlich; freundlich; aus gutem Geschlecht; *guote liute* Kranke und Arme; edle Menschen; *für g. nemen*, haben zufrieden sein mit; Adv. *güetlichen* freundlich; *guot* st. n. Habe, Gut; gute Absicht
gurre sw. f. Mähre, schlechtes Pferd

H.

habe st. f. Habe; Hafen
habedanc st. m. Lob, Preis
haben sw. halten, behalten; *unrehte h.* unrichtig behandeln; *ûf haben eines d.* inne halten mit; anom. haben; *h. für* für — halten; *den tôt an der hant h.* sicher haben, sterben müssen
hæle st. f. Hehl; *h. hân eines d.* etwas verheimlichen
haven st. m. Topf
halpswuol st. n. unbekanntes Thier
halsen st. umarmen, um den Hals fallen

halsperc (*-ges*) st..m. Panzerhemd mit Kappe
halt Adv. und Conj. vielmehr; in Concessivsätzen: auch immer
handeln sw. verfahren, einrichten; *einen* behandeln
handelunge st. f. Bewirtung
hant st. f. Hand; als Umschreibung: *Sifrides h.* = *Sifrit*; *ein helt zer h.*, *zen handen*, *ze sinen handen* ein Held durch seiner Hände Kraft, von starker Hand; *zuo eines handen stân* einem unterthänig sein; *einen under die hende nemen* vornehmen um zu überreden; *aller hande* aller Art; pleonastisch *maneger leie hande*
hantgetât st. f. Geschöpf
harm st. m. Hermelinthier
harnas (*harnasch*) st. n. Harnisch
harnaschvar (*-wes*) vom Harnisch gefärbt, schmutzig
harphære st. m. Harfenspieler
harte Adv. stark, sehr
haʒ (*-ʒes*) st. m. Hass, Feindseligkeit: *dne h.* ironisch: gern
haʒlich feindselig
heben anom. oder sw. heben, erheben, anfangen; *sich h.*, *sich an heben* anfangen, *sich ûʒ*, *dan heben* wegziehn, sich an ein d.
heben zu einer Sache aufbrechen
hei, *hey* Interj. vor Ausrufen
heiden st. m. Heide; st. f. Heidenschaft
heien sw. hegen, schützen
heil st. n. Glück
heiligeist st. m. der heilige Geist
heim, *hein* st. n. Haus, Heimath; adverbialer A. nach Hause; *heime* D. zu Hause
heimgesinde st. n. Hausdienerschaft, eigenes Gefolge
heimliche st. f. Heimlichkeit, Vertraulichkeit; *in h.* unter Vertrauten
heimliche Adv. heimlich, vertraulich
heimuot st. n. Heimat
heiʒen st. nennen; genannt sein; mit Inf. oder A. und Inf. befehlen; *einen liegen h.* sagen, dass jemand lügt

helde, der = *hel[n]de* Part. Praes. der (sich) verbergende, verborgne
helfe st. f. Hilfe; Gefolge, Heer in eines Diensten
helfen st. *einen* und *einem*; *einem eines d.* verhelfen zu, helfen bei
helfenbein st. n. Elfenbein
helfenbeinin von Elfenbein
helflich hilfreich
helle st. f. Hölle
hellemôr st. m. Höllenmohr, Teufel
hellen st. hallen, tönen
helm st. m. und *helme* sw. m.
helmevaȝ (-ȝes) st. n. Helm
helmgespan st. n. Helmgespänge, Helmbänder
helmhuot st. m. Helm
helmschin st. m. Helmglanz
heln st. verhehlen, verbergen, *einen* oder *einem ein d.* verheimlichen
helt (-*des*) st. m. (Schützer) Held, tapferer Krieger
hendeblôȝ blofs wie eine Hand
her Adv. hierher; bisher, bis jetzt
her = *er* Pron. 3. Pers. Sg. m.
hêr, hêre hoch, vornehm; froh, *eines d.* über etwas
herberge st. f. auch Plur. Wohnung, besonders für Fremde; Lagerplatz bei der Jagd
herbergen sw. Herberge machen, sich niederlassen, *einen* beherbergen; in Quartier legen
hêren sw. erhöhen, heiligen
hêrebernde heilig
hervart st. f. Kriegszug
herverten sw. eine Heerfahrt machen, mit einem Heere ziehn
hergeselle sw. m. Kriegsgefährte
hêrgesidele st. n. Hochsitz, Sitz für Vornehme
hergesinde sw. m. Gefolgsmann
herhorn st. n. Kriegshorn
hêrisch nach Art der Herren, herrisch, stolz
hêrlich vornehm, ausgezeichnet; Adv. *hêrlîchen* herlich

hermin von Hermelin
hermüede kriegsmüde
herre, herre, vor Namen und Titeln auch *hér, her, er* sw. m.
    Herr, vornehmer Mann
herte st. f. Schulterblatt
herte, hart hart, schwierig, gefährlich; *h. schar* dichte Schar;
    Adv. in *herte gemuot* festgesinnt; st. f. schwerer Kampf
herze sw. n. (*herze* auch st. D. Sg. und N. Plur.); *an daʒ h. gân*
    das Herz ergreifen; *ze herzen kumen* herzlich lieb werden
herzebernde herzergreifend
herzeichen st. n. Feldzeichen
herzeleit (-des) herzbetrübend; st. n. und *herzeleide* st. f. herz-
    ergreifendes Leid
herzeliebe st. f. Herzensfreude
herzeliep (-bes) herzlieb; st. n. Herzliebchen
herzentrût st. n. Herzliebchen
hie Adv. hier; vor Adv. und Praep. hier: *h. inne, h. umbe*
himelfrouwe sw. f. Himmelsherrscherin
himelhort (-des) st. m. Himmelschatz
himelwagen st. m. Sternbild des Wagens
hinde st. f. Hindin, Hirschkuh
hinder Adv. hinten; Praep. mit D. und A. hinter; *h. sich* zurück
hine Adv. hinweg, hin; elliptisch: fahre hin! *hinwidere* zurück;
    hin ze jâre übers Jahr
hinne = *hie inne*
hinnen, hinne Adv. von hier, von hinnen, fort
hinte, hint = *hînaht* Adv. in dieser Nacht
hinvart st. f. Tod
hirât st. m. Heirat
hirmen sw. ruhen
hirʒ st. m. Hirsch
hiure Adv. in diesem Jahre, heuer
hîwen, hîen sw. heiraten
hôch (-hes) hô hoch, vornehm; *hôher wint* lauter Wind; *h. muot*
    gehobner, freudiger Sinn; *h. strît* starker Streit; *hôheʒ spil*

Spiel um einen hohen Preis; Adv. *hôch, hôhe, hôh* hoch, gewaltig, sehr; *hôch tragende herzen* von Freude gehobne; *h. stân* auf dem Gipfel stehn, *einen theuer zu stehn kommen*; Compar. *hôher* bei Verbis der Bewegung: zurück, weg

hôchvart st. f. hohe Art zu varn, edles, stolzes Benehmen
hôchverte, hôchvertic (-ges) stolz
hôchverten sw. stolz handeln
hôchgemâc (-ges) mit Vornehmen verwandt
hôchgemüete st. n. Hochsinn, Freudigkeit
hôchzit, hôchgezit st. f. Fest, bildlich für Kampf
hœhen sw. erhöhen, *den muot* den Sinn erfreuen
hœne hochfahrend, übermüthig
hœnen sw. schmähen, der Ehre berauben
hof (-ves) st. m. eingeschlossner Platz; Aufenthalt, Umgebung des Königs; *ze hove* zum, beim Könige, oder zu, bei einer fürstlichen Person
hovebœre dem Hofe gemäfs, anständig
hovebelle sw. m. Hofkläffer, schmeichlerischer Höfling
hovelich dem Hofe angemessen, anständig; Adv. *hovelichen*
hovemœre st. n. Nachricht an den Hof
hovereise st. f. Fahrt zum Könige
hôvesch, hübesch dem Hofe angemessen, fein
hôvescheit, hôfscheit, hübscheit st. f. feine Sitte, Artigkeit
hôveschen, hübschen sw. den Hof machen
hovestœte am Hof, an der Hofsitte festhaltend
hovewert (-des) zu Hof wert, geehrt
holde sw. m. Lehnsmann
holt (-des) geneigt, lieb, treu; besonders vom Herrn gegen den Diener und vom Diener gegen den Herrn; *einen holden hân* lieb machen, sich geneigt machen
honegen sw. voll Honig sein
hœren sw. *einem* auf jemand hören, einem gehorchen
hornunc (-ges) st. m. Februar
hort (-des) st. m. Schatz
houbet st. n. Haupt

houbetsünde st. f. Todsünde
hübeschen sw. auf höfische Weise sich unterhalten
hüeten sw. *eines* beobachten, Acht haben auf; *eines d.* behüten
hulde st. f. oft Pl. Geneigtheit, Huld; Erlaubnis
hulft st. f. Futteral, Ueberzug
huobe st. sw. f. Stück Landes von einer gewissen Gröfse, Hufe
huote st. f. Aufsicht, Wache, *eines* gegen jemand; *schœne h.* anständiger Gewahrsam, schonende Bewachung
hurdieren = *buhurdieren*
hurnin hörnen, von Horn
hurte st. f. losrennendes Stofsen
hurtlichen, hurticlichen Adv. mit Stofse losrennend
hûs st. n.; *ze hûse komen* nach Hause, in ein Haus gelangen
hütte sw. f. Hütte, Gezelt

I.

ie Adv. (von der Vergangenheit) immer; jemals; in Nebensätzen: nie
iedoch, idoch Conj. dennoch
iegeslich, ieslich, islich jeder
ieman (-*nes*), *iemen* jemand; in Nebensätzen: niemand
iemer, immer, imer Adv. (von der Zukunft) immer; jemals; *immer mére* immer künftig; in abhängigen Sätzen: nie wieder
iender, inder Adv. irgendwo, irgend
iesâ Adv. sogleich
ieslich jeglich, jeder
ietweder jeder von beiden
iezuo, ieze Adv. jetzt; sogleich; bereits
iht irgend etwas, mit G.; Adv. irgend, etwa; in abhängigen Sätzen = *niht*
in Praep. mit D. und A. in; Adv. hinein
in Adv. hinein, herein
inder s. *iender*
ingesinde st. n. Hausgenossenschaft; Gefolge; sw. m. Hausgenosse, Gefolgsmann

inndn Adv. innen
inne, innen Adv. inne, inwendig; *eines d. i. werden gewaren,* merken; *i. bringen* merken, einsehen lassen, überzeugen
innerclichen Adv. im Herzen, innig
innerthalben Adv. auf der innern Seite
inre Praep. mit D. innerhalb, binnen
intwerhes Adv. queer
irre vom rechten Wege abgewandt, unsicher; *eines d.* ohne etwas
irren sw. *eines d.* abbringen, abhalten von; *an einem d.* stören, hindern
iteniuwe ganz neu
itewize st. f. Vorwurf
itewiʒen sw. vorwerfen, vorhalten

J.

jd Interj. ja, fürwahr (im Anfang des invertierten Satzes); verdoppelt *jarld*
jdchant st. m. Hyacinth
jdmer st. m. Seelenschmerz, Trauer, Leid
jdmerhaft, jœmerlich schmerz-, leidvoll, kläglich; Adv. *jœmerliche, jœmercliche*
jegere st. m. Jäger
jehen st. sagen, versichern, *eines d.* etwas aussagen, bekennen; *einem eines d. j.* einem etwas nachsagen, zusprechen; versprechen; *einem j.* (ergänze: des *siges*); *eines* oder *eines d. jehen ze* oder *für* jemand, etwas bezeichnen als, erklären für
jeit (-*des*) st. n. Jagd
jeitgeselle sw. m. Jagdgefährte, Jäger
joch Conj. auch, selbst, sogar; mit *ne: jone* gewiss nicht
junc (-*ges*); Superl. *jungist* letzt; Adv. *jungiste* und *ze jungist* zuletzt
juncfrouwe sw. f. Mädchen, Jungfrau aus edlem Stande
jungen sw. jung werden
just, tjoste st. f. ritterlicher Zweikampf zu Pferde mit Speren

K. C. Q.

kamer sw. st. f. Schatz-, Schlafkammer
kamerœre st. m. Kämmerer, Hüter der Schatz- oder Schlafkammer
kanzwagen st. m. Wagen, dessen Räder mit eisernen Reifen beschlagen sind
kapelsoum st. m. Reisegerät zum Gottesdienst
kaphen sw. an k. bewundernd anschauen
kappe sw. f. Mantel mit Kappe, Kapuze
karkœre st. m. Kerker
karkelvar (-wes) kerkerfarbig, bleich
kein = dehein irgend ein; kein
kel sw. f. Kehle
kemendte sw. st. f. heizbares Zimmer, Frauengemach
kempfe sw. m. Kämpfer im gerichtlichen Zweikampf
keppelin st. n. Mäntelchen mit Kapuze
kére st. f. Gang hin und zurück
kéren sw. wenden; sich wenden
kiel st. m. Kiel, Schiff
kiesen st. schauen, warnehmen; prüfen, wählen; *den tôt k.* sterben
kinne st. n. Kinn
kint (-des) st. n. Kind, auch Jüngling (junger Ritter) oder Mädchen; *von kinde* von Jugend auf; Deminutiv *kindelin, kindel*
kintliche Adv. mit kindlicher Einfalt, Thorheit
kit zusammengezogene 3. Sg. Ind. Praes. von *queden* sprechen
kiusche sittsam, sittenrein
klaffen sw. schallend aufschlagen
kláfter st. f. Maſs der ausgebreiteten Arme
klage st. f. Klage, Gegenstand der Klage
klagen sw. einen beklagen
clár hell, glänzend, schön
cláre st. f. Klarheit
kleindt st. n. Kleinod, Kostbarkeit
kleine fein, klein, gering, unbedeutend; Adv. wenig, ironisch = *niht*

klenken sw. klingen machen, tönen lassen
klósenære st. m. Klausner, Einsiedler
klûs st. f. Klause, Zelle
kneht st. m. Knabe; Knappe, Krieger, der zu Pferde dient
knolle sw. m. Klumpe, Knolle zum Kröpfen des Federviehs
kochære, kocher st. m. Köcher
kovertiure st. f. Decke, Pferdedecke
kolter st. m. Polster, Bettdecke
komen, kumen st.; *einem* zu einem kommen, zu Theil werden; *ze rossen k.* das Pferd besteigen, *ze swerten k.* die Schwerter ergreifen; *in kleider k.* sich anziehn; *ze komene* künftig
kone sw. f. Ehefrau; *konen mdc* oder
konemdc st. m. angeheirateter Verwandter
kôr st. m. Chor, Altarseite der Kirche, Platz der Geistlichkeit
koste st. f. Preis; Aufwand; Mittel zu Ausgaben
koufen sw. kaufen; erwerben
krâ st. f. Krähe
kradem st. m. Lärm
kraft st. f. Kraft; Macht; Menge
krage sw. m. Kehle, Schlund
kranc schwach, gering
kranech st. m. Kranich; *kraneches trite* hoffärtiger, stolzer Gang
kreftic (-ges) stark, gewaltig; reichlich; Adv. *krefticliche*
krenken sw. schwächen, verderben, beschimpfen
kristen st. m. f. Christ; st. f. Christenheit; *kristenlich* christlich
criuze st. n. Kreuz
qudle st. f. Qual, Marter
kuche st. f. Küche
kuchenkneht st. m. Koch
queln st. qualvoll leiden
queln sw. quälen, martern
küelen sw. abkühlen, *den muot* die Lust befriedigen
kumber st. m. drückendes Leid; davon Adv. *kumberliche, kummerlichen* kummervoll
kûme Adv. mit Mühe, mit Schmerzen, kaum

künde bekannt; st. f. Bekanntschaft
kündekeit st. f. List, Arglist
kündeclichen Adv. klug, geschickt
künden sw. verkündigen, bekannt machen
kunder st. n. Geschöpf, besonders ein seltsames, ein Ungeheuer
kündic (*-ges*) bekannt
künftic (*-ges*) zukünftig
künne st. n. Geschlecht
kunnen anom. wissen, verstehn, können
kunt (*-des*) bekannt
kunterfeit nachgemacht, falsch
küntlich Adv. deutlich
kuolen sw. kühl werden, sein
kuonheit st. f. Kühnheit
kurzewile st. f. Kurzweil, Spiel, Vergnügen; D. Plur. *kurzwilen* in kurzem, bald
kurzewilen Adv. kurzweilen, spielen, sich vergnügen
küssin st. n. Kissen

L.

lacheliche Adv. lächelnd, freundlich
laden sw. (und st.) einladen; st. (und sw.) aufladen, beladen
lære leer, *eines d.* frei von
ldge st. f. Nachstellung
lamp (*-bes*) st. n. Lamm
lancræche die Rache lange nachtragend
lange Adv. lange, seit lange; ironisch = stets; Compar. *langer* und *lenger*
lant (*-des*) st. n. Land; *ze lande* heimwärts, *her ze l.* hierher
lantliute st. m. Plur. Landbewohner
lantrehtære st. m. Landrichter, Vorsteher eines Landgerichts
laster st. n. Schande
lasterlichen, lesterlichen Adv. schimpflich
lâʒen anom. lassen, zulassen; zurücklassen; *l. und abe l.* los lassen; unterlassen; verlassen; *vri, varn l.* aufgeben; *kiesen, sehen l.* zeigen, beweisen; *hœren l.* erklären; *under wegen*

stén, sin, belíben l. unterlassen, auf sich beruhen lassen; *sich eines d. an einen l.* sich in etwas verlassen auf; *sinin d. ûf ére l.* seine Sache auf Ehre stellen
lé (-wes) st. m. Hügel
lébart st. m. Leopard
leben sw. leben, sich benehmen; st. n. Leben, Benehmen; Stand
ledic (-ges) frei, ledig, los; Adv. *ledicliche*
legen sw. legen; in Quartier legen; ablegen; *ein strâfen zeiner suone* aufhören zu schelten, um sich zu versöhnen; *sich an legen* sich ankleiden; *ûf l.* festsetzen, bestimmen
leger st. n. Lager
leich st. m. Melodie; Lied von ungleichartigen Strophen, gesungen oder gespielt
leide Adv. leid-, schmerzvoll; st. f. Betrübnis
leiden sw. leid machen, verleiden; leid sein
leie st. f. *maneger l.* mancher Art; als Subst. mit G. *der (steine) lûhte m. l.* mancherlei Steine leuchteten
leie sw. m. Laie, Nichtgeistlicher
leinen sw. lehnen
leit (-des), leitlich schmerzvoll, leid; *leit* st. n. Leid; *einem ist l.* er ist traurig, betrübt; *l. hân nâch einem* nach einem verlangen, sich sehnen
leitehunt (-des) st. m. Spürhund, der an einem Seile geführt wird
leiten sw. führen, geleiten
leitschrîn st. m. Reisekasten
lecker st. m. Tellerlecker, Schmarotzer, Schmeichler
leschen sw. auslöschen (trans.)
leser st. m. Vorleser
lest s. *leʒʒist*
letzen sw. hemmen, endigen
lewe sw. m. Löwe
leʒʒist, lest letzt
liden st. leiden, sich gefallen lassen
liebe Adv. zu *liep*; st. f. Lust, herzliches Wohlgefallen, Herzenwonne, Liebe; *durch eines l.* einem zu Liebe, um eines willen

lieben sw. lieb machen
lieben sw. lieb, angenehm sein
liegen st. lügen
lieht glänzend, licht; Adv. *liehte*
liep (*-bes*) lieb, angenehm, freundlich; st. n. der, die Liebste; Freude
liet (*-des*) st. n. Lied, eigentlich Strophe, daher gern Plur.
ligen anom. liegen; sich legen, fallen, aufhören; *obe geligen* siegen; *ringe gelegen sîn* schwach darniederliegen, dahin sein; *tôt l.* todt sein, sterben, *vor einem* durch jemand; *an einem liget* jemand besitzt; doch *an Rüedegére lit unser fröuden val* mit R. sank unsere Freude dahin
lihen st. verleihen, zu Lehen geben
lihte leicht, gering; Adv. leicht, vielleicht; *des ist harte lihte* es geschieht, findet sich leicht
lintrache = *lintdrache* sw. m. Lindwurm
linde sw. f.
lip (*-bes*) st. m. Leben, Leib; als Umschreibung: *Sifrides l.* = *Sifrit*
list st. m. Kunst; *arger l.* schlimmer, böser Streich, Untreue
liste sw. f. Leiste, Borte
lit (*-des*) st. n. Glied
liuhten sw. leuchten
liut st. n. Volk, Heer; Plur. m. n. *liute* Leute
lobebære, lobelich, lobesam lobenswert, herrlich; Adv. *lobelîche*
loben sw. loben, preisen; geloben, versprechen, *an eines hant* mit Handschlag; *l. ze manne, ze wibe* sich verloben mit
lôch (*-hes*), *lô* st. m. niedriger Wald, Busch
lohen sw. flammen, brennen
lop (*-bes*) st. m. und n. Lob, Preis
lôs ungebunden, zuchtlos
losen sw. lauschen, horchen
lôt st. n. Gewicht
louc (*-ges*) st. m. Flamme
lougen sw. flammen

lougen (-enen) sw. *eines d.* leugnen; *dne l.* ungeleugnet, fürwahr
lougenliche Adv. trügerisch, lügnerisch
ludem st. m. Lärm; st. m. n. ein unbekanntes Thier
luft st. m. II
lûne st. f. Mondphase; Veränderlichkeit, Laune
lûter klar, hell; Adv. *lûterliche*
lûtertranc st. m. Claret (über Gewürzen abgeklärter Rothwein)
lützel, lüzel klein; mit G. wenig; Adv. wenig, ironisch = *niht*;
l. ieman selten jemand, ironisch = durchaus niemand

M.

mdc (-ges) st. m. (Plur. auch sw.) Seitenverwandter
mære st. n. Kunde, Nachricht, Geschichte, Sache; *niuwiu m.*
   unerhörte Dinge, *fremdiu m.* unerwartete Neuigkeit; *starkiu
   m.* schlimme Botschaft; *m. sagen* berichten, Auskunft geben; *m., der m. vrdgen* Auskunft, Nachricht verlangen; *ze
   mære bringen* in Ruf bringen; *hôher m. wesen* von hohem
   Rufe, hochberühmt sein
mære bekannt, berühmt; rühmlich, herrlich
mæzlichen Adv. mäfsig; ironisch = *niht*
magedin, meidin st. n. Deminutiv von
maget, meit st. f. Jungfrau, Mädchen
magetlich, megetlich, meitlich jungfräulich
mâgschaft st. f. Verwandtschaft
mâl st. n. Zeichen, Zierrat.
mâlen sw. bunt verzieren
malhe sw. f. Tasche, Koffer
man st. m. anom. Mann; Gatte; Lehnsmann
mâne sw. m. Mond
manen sw. erinnern, *eines d.* an etwas; *eines d.* oder mit Inf.
   auffordern zu
manheit st. f. Tapferkeit
mannegelich jedermann
marc st. f. halbes Pfund Gold oder Silber
marc st. n. Pferd, Streitross

marc, marke st. f. Gränze; Gränzland
marcgrâve sw. m. königlicher Oberbeamter eines Gränzlandes
marcgrâvinne st. f. Frau eines *marcgrâven*
margarite st. f. Perle
marmelstein st. m. Marmor
marschalc st. m. Stallmeister (Hofamt), Aufscher des Gesindes
marterer st. m. Märtyrer
mat st. n. Matt im Schachspiel, Niederlage
matraʒ st. f. Polsterbett
maʒ (-ʒes) st. n. Speise
mâʒe st. f. (sw. in *âne mâʒen*) Maſs, Angemessenheit; *ze m.* im richtigen Maſse, mäſsig; D. Plur. *mâʒen* adverbial : mäſsig; ironisch = *niht*
megetin st. n. Mädchen
mehelen sw. vermählen, verloben
mein st. m. Falschheit, Verrath
meineclichen Adv. verrätherisch
meineide meineidig, eidbrüchig
meinen sw. *ein d.* im Sinne haben, bezwecken, verursachen; *einen* es auf jemand abgesehen haben; von Herzen lieben
meinrât st. m. II Plur. Verrath
meinræte verrätherisch
meist Superlativ zu *mêr*, gröſst; Adv. meistens, am meisten
meister st. m. Meister, Lehrer, Herr; = *schifmeister*
meisterschaft st. f. Meisterschaft, Herrschaft, Ueberlegenheit
meistic Adv. meistens
meituom st. m. Jungfrauschaft
meizoge sw. m. Knabenerzieher
melden sw. angeben, verrathen
menen sw. wie Vieh treiben
menege st. f. Menge
mére, mêr, mé defectiver Compar. mehr; substantivisch mit G., Adv. weiter, künftig; bei Negationen: weiter, länger, *nie mére* nie zuvor
merkære st. m. Aufpasser

merken sw. bemerken, erkennen
merwîp (*-bes*) st. n. Wasserfrau
merwunder st. n. Meerungeheuer
messe st. f. Metallklumpen; ein bestimmtes Gewicht
mete st. m. Meth
mettine st. f. Mette, Frühmesse
mez (*-zes*) st. n. Mafs
michel grofs; Adv. sehr
miden st. unterlassen, entbehren, vermeiden; *sich eines d.* unterlassen; entsagen
miete st. f. Lohn
milt (*-des*), *milte* freigebig; Adv. *miltlîche, miltecliche*
milte st. f. Freigebigkeit
minne st. f. Erinnerung; Liebe; *ze minnen* zum Andenken, als Geschenk; *die m. trinken* den Abschiedstrunk trinken
minneclich lieblich, liebreizend; Adv. *minnecliche* lieblich, freundlich
minnevîur st. n. Liebesglut, Liebesfeuer
minnen sw. lieben
minner, minre Comp. kleiner; Adv. weniger, minder
missebieten st. einem und *ez einem* unglimpflich behandeln
missedienen sw. *einem* beleidigen
missevallen subst. Inf. Verdruss, Missfallen ,
missevar (*-wes*) befleckt; entfärbt
missevarn st. unrecht verfahren, übel handeln
missegân anom. übel ergehn
missehagen sw. missfallen
misselingen sw. *mir m—t* mir geht es schlecht, *an einem d.* ich erleide Schaden an
missestân anom. schlecht anstehn
missetât st. f. Fehltritt, Schuld, Bosheit
missetreten st. fehltreten, fehlgehn
missetuon anom. anders als recht handeln
missewende st. f. Schandthat; Schande
mit Praep. mit D. mit, nebst, sammt; Adv. mit

mitewist st. f. Beisein, Beiwohnung
mitte mittel; *mitter tac* Mittag
mittelswanc st. m. der mittlere Schlag
mœre st. m. Last-, Reise-, Damenpferd
molte st. sw. f. Staub, Erde
môraʒ st. m. und n. Maulbeerwein
morgenrôt st. m.
mort (-des) st. m. Mord; Gemetzel; Schandthat
mortlich mörderisch; Adv. *mortliche*
mortmeile mordbefleckt
mortrœche mordgierig
mortrœʒe mordscharf, mörderisch
müede st. f. Müdigkeit
müeden sw. müde werden
müejen sw. bekümmern, kränken, verdriefsen
müelich Adj. und Adv. mühevoll, schwer
müeʒen anom. müssen, sollen; *daʒ si daʒ muoste sehen* vor ihren Augen; *die wîle ich leben muoʒ* so lange mir zu leben bestimmt ist; in Wünschen: *müeʒe* möge
müeʒic (-ges) unthätig, müfsig
mugen anom. können, mögen, dürfen; *mir mac wol wesen leit* ich bin mit Recht, natürlich betrübt, traurig
mugge sw. f. Mücke
mûl st. m. II Maulthier
mundelîn st. n. *rôteʒ m.* Mädchen, Frau
mûniʒîsen st. n. Münze, Geldstück
muome sw. f. Mutterschwester, Muhme
muot st. m. Sinn, Sinnesart; Stimmung, Neigung; Meinung; *einen muot haben* einmüthig sein; *einem ze muote sîn* nach eines Sinn sein; *muot haben eines d.* Lust haben zu, wünschen, hoffen; *valscher m.* Falschheit; *zornes m.* Zorn; *mit lachendem muote* in fröhlicher Stimmung
muoten sw. *eines d.* verlangen nach; *an ein d.* hoffen auf
mûre st. f. Mauer

N.

nac (*-ckes*) st. m. Nacken

nâch Praep. mit D. nach, hinter; wegen, um, zu, gemäſs; *nâch stichen* nachdem die Speere verstochen waren; *eʒ nâch der suone reden* für die Versöhnung sprechen; Adv. nahe, beinahe

nâhe, nâhen, nœhlichen Adv. nahe, beinahe

næjen sw. nähen, schnüren; *einen in fürgespenge* einem das Kleid mit Spangen zuschnüren

nâhen (*-eṇen*) sw. nahe sein, kommen

nâhgebûre sw. m. Nachbar

nahtes, des anomaler G. von *naht*: in der Nacht

nahtselde st. f. Nachtlager

name sw. m. Name; Stand

ne Negationspartikel (incliniert oder vornangelehnt als *en*: *enkunde*) meist mit anderen Negationen *niht, nimmer* usw. verbunden; alleinstehend nur in kurzen Sätzen mit abhängigem Nebensatze: *ich enruoche waʒ, ich enweiʒ ob*; und in elliptischen Sätzen: W. 82, 12 *hêrre, in mac* (ergänze *niht dar gerîten*); in kurzen Gegensätzen 66, 10 *si tuot, si entuot*; ferner in Nebensätzen, theils einschränkend und bedingend: *mirn zerinne friunde* wenn meine Freunde nicht ausbleiben, wobei *ne* auch fehlen kann: *in welle got behüeten* wenn Gott ihn nicht behüten will; theils bei negativem Hauptsatze ergänzend: *die degene wolden des niht lân sin drungen* die Helden unterließen natürlich nicht zu dringen

neben Adv. zur Seite; *bî n. einem* neben einem

neve sw. m. Schwestersohn, Neffe; Mutterbruder; entfernter Verwandter

nehein, nochein kein

nehten eigentlich D. Plur. in der Nacht, Nachts

nemen st. nehmen; *ûf n.* zunehmen

nern sw. am Leben erhalten, retten

niden Adv. unten

niden sw. hassen; *ein d.* über etwas zürnen

nider niedrig; *nidere, nider* Adv. nieder, herab
nie Adv. niemals, nie (in der Vergangenheit); *nie mére* noch nie
nieman (-nes), niemen niemand; mit G. *ander n.* keiner der andern
niemer, nimmer, nimer niemals, nicht mehr (in der Zukunft); *nimmer mére* niemals wieder
niender, niener, ninder, nindert Adv. nirgends; nichts
niene, nine Adv. durchaus nicht
niet s. *niht*
nieʒen = genieʒen
niftel sw. st. f. Nichte
nigen st. sich verbeugen, *einem* sich gegen jemand dankend verbeugen, einem danken
niht, niet nichts; *ze nihte* vernichtet, nutzlos; besonders mit G. *niht schildes* keinen Schild *hán;* Adv. nicht
ninder, nindert s. *niender*
nit (-des) st. m. Hass, Zorn, Feindseligkeit; *n. hán eines d.* über etwas zürnen
nitliche Adv. hasserfüllt, grimmig
niu (-wes), niuwe neu; veränderlich; Adv. *niuliche* kürzlich
niuwe st. f. Neuheit, Neue
niwan (niht wan) Conj. nur, wenn nicht; nach Negationen: aufser, als
noch noch, dennoch
nochein s. *nehein*
nóne st. f. Mittagsstunde *(hora nona);* Himmelfahrtstag
nót st. f. II Drangsal, Gefahr, Kummer; *durch n.* gezwungen; *áne n.* ohne Grund, nicht nothwendig; *áne n. láʒen* in Frieden lassen; *n. ist eines d.* etwas ist nöthig; *mir ist nót ze einem d.* ich verlange nach; *nót gét einem eines d.* etwas ist einem nöthig, er hat Ursache dazu, ist dazu gezwungen
nóthaft bedrängt
nú, nu Adv. nun, jetzt; da (relat.)
nuz (-tzes) st. m. Nutzen, Vortheil; Ertrag

O.

ob Praep. mit D. und Adv. über
ob, obe Conj. ob, wenn; wenn auch; *waʒ ob* wie wenn!
och s. *ouch*
oder, ode, od Conj.
œheim st. m. Mutterbruder, Oheim
offenlichen Adv. offen
orden st. m. Stand; *kristenlicher o.* die Christenheit
ordenunge st. f. Ordnung; Engelchor
ôre sw. n. Ohr
ors = *ros* (*-ses*) st. n. Ross
ort st. n. Spitze; *an allen orten* durch und durch; *unz an daʒ o.* bis zu Ende, vollständig
ôsterlicher tac Ostertag; höchste Freude
ot s. *eht*
ouch Conj. auch; *und o.* und
ougenweide st. f. Anblick
ouwe st. f. Aue
ouwen sw. stromabwärts treiben
owê, ouwê Interj. Ausdruck einer schmerzlichen Gemüthsbewegung, auch des Verlangens: o weh! ach! *eines, eines d.* wehe über einen, über etwas

P.

palas st. n. Gebäude, das eine Halle, einen Sal enthält; Halle
pantel st. n. Panther
pevilde = *bevilde* st. f. Begräbnis
pecke = *becke* st. n. Becken
permint st. n. Pergament
pfaffe sw. m. Geistlicher
phaflich pfäffisch, nach Art der Geistlichen
phahten sw. gesetzlich oder durch Vertrag bestimmen, feststellen
phant (*-des*) st. n. Pfand (alles was zur Sicherung der Rechtsansprüche gegen einen andern dient); *ph. erlœsen* versetzte Pfänder einlösen; sprichwörtlich: aus Verlegenheit befreien

pharre sw. f. Pfarrei
pfāwe sw. m. Pfau
phel, phelle, phellel st. m. Seidenzeug
phellin von *phel*, seiden
phenden sw. pfänden, berauben
pherit, phert (-des) st. n. Reitpferd
phertgereite st. n. Reitzeug
phi Interj. pfui
phifære st. m. Pfeifer
phinxtac = *phingesttac*
phlege st. f. Plur. Aufsicht, Hut
phlegen st. handeln, verfahren; *eines phl.* umgehn mit, beaufsichtigen, sorgen für; *eines d.* betreiben, üben; verwalten, besitzen; mit Inf. treiben, pflegen
phliht st. f. Theilnahme, Zustimmung
phlihten sw. sich dienstlich verpflichten
phrüende st. f. Pfründe, Jahrgehalt
pilgerīn st. m. Pilger
pīn st. f. Pein, Qual
pirsen, birsen sw. jagen
pirsgewate st. n. *pirsgewant (-des)* st. n. Jagdkleid
plān st. m. Ebene, Flur, Erdoberfläche
porte sw. st. f. Pforte; sw. f. Hafen; s. auch *borte*
portenære st. m. Pförtner
pouc s. *bouc*
predjen sw. predigen
prehen = *brehen* st. leuchten; meist subst. Inf. Glanz
prīs st. m. Lob, Ruhm, Preis: *ze prīse* lobenswert
prīsen sw.
prüeven s. *brüeven*
puneiʒ st. m. Anrennen zu Pferde mit den Speeren
pusūne sw. f. Posaune

Qu. s. Ku.

R.

râche st. f. Strafe, Rache
rant (-des) st. m. auch *schildes r* Schild
raste st. f. Meile
rât st. m. II Rath, Beschluss; Verrath, Anschlag; Vorrath; *âne friunde r.* ohne die Freunde zu befragen; *eines d. ze râte werden* zu berathschlagen beginnen über; *eines, eines d. ist rât* für, gegen jemand, etwas ist Rath, Abhilfe; etwas kann unterbleiben; *r. haben eines d.* etwas nicht nöthig haben, unterlassen, entbehren; *guoten r. haben* gern entbehren, unterlassen; *eines, eines d. ze râte tuon* Rath schaffen für, wegschaffen
râten st. rathen, berathschlagen; *einem r.* zureden, befehlen; *ein d. beschliefsen, einem ein d.* auch: gegen jemand auf etwas sinnen; *an einen r.* einem nachstellen
râwen = ruowen sw. ruhen
ræʒe scharf
rê (-wes) st. m. Todtenbahre
rêch (-hes) st. n. Reh
rechen st. rächen, strafen
recke sw. m. (verbannter, fremder Krieger) Held
rede st. f. Rede; Unterredung; Gegenstand einer Rede; *der r. enist sô niht* damit steht es nicht so
reht st. n. Recht, Gebühr; richtige Handlungsweise; *durch r.* des Rechtes wegen; *von rehte* mit Recht, von Rechtswegen; *ze rehte* mit Recht; vor Gericht; *r. hân* recht thun
reht recht, richtig; Adv. *rehte* recht; sehr
reichen sw. den Arm ausstrecken
reinekeit st. f. Reinheit
reise st. f. Zug, Heerfahrt
reislîche Adv. zum Zuge gerüstet
reiʒen sw. reizen
rennen sw. laufen lassen (das Pferd); schnell reiten
rêren sw. fallen machen, verstreuen, ergiefsen.
rêwunt (-des) todwund

riche, rich mächtig, gewaltig; vornehm; prächtig
riche st. n. Reich; oberste Gewalt, Herrscher
richeit st. f. Reichthum
richen sw. reich machen, schmücken
riechen st. rauchen, dampfen
rife sw. m. Reif
rigelstein st. m. Maueröffnung zum Abfluss vom Fufsboden
rihten sw. zurechtbringen; wahr machen, bestätigen; richten; *einem r.* Recht verschaffen; *sich r.* sich rüsten; sich aufrichten
rimpfen st. rümpfen, zusammenziehn
rinc (-ges) st. m. Ring, Kreis; Plur. Panzerringe, Panzer
ringe Adj. und Adv. leicht, gering, billich
ringen sw. *ringe*, leicht machen, besänftigen
ringen st. kämpfen, streben
rippe st. f. Rippe; Herkunft, Geschlecht
ris st. n. Reis, Ruthe
risen st. fallen
riter, ritter st. m. Ritter
ritterlich für Ritter geziemend; Adv. *ritterliche*
ritterschaft st. f. ritterliche Sitte, Uebung
ritterspise st. f. Herrenspeise
riuhe st. f. Rauchwerk
riuwe st. sw. f. auch Plur. Betrübnis
riuwecliche Adv. traurig, bekümmert
riuwen st. einen betrüben, einem Leid thun
rôse sw. m. und f.
rôsevar (-wes) rosenfarbig
rœseleht rosig
rôtguldin von rothem Golde
rouben sw. *einen* berauben
rûch (-hes), rû rauh
rücke st. m. Rücken; *ze rucke* zurück
rücken sw. bewegen, rücken; *dan* wegnehmen, entfernen
rüegen sw. klagen, vor Gericht bringen

rüemære st. m. Prahler
rüemen sw. prahlen, rühmen
rüemic (*-ges*) prahlerisch
rüeren sw. in Bewegung setzen; berühren
rûmen sw. räumen, verlassen; *ez r.* weggehn
rûnen sw. raunen, geheim und leise reden
ruochen sw. sich kümmern; *eines* um jemand; *eines d.* auf etwas Rücksicht nehmen, etwas verlangen, wollen; mit Inf. wollen, belieben zu
ruofen st. *rüefen* sw. rufen
ruom st. m. Lob; Prahlerei
ruore st. f. Hetze, Meute
ruowe st. f. Ruhe
rûschen sw. rauschen, sich geräuschvoll bewegen

S.

sâ Adv. sogleich, alsbald
sabenwîze weifs wie *saben*, feine ungefärbte Leinwand
sælde st. f. auch Plur. Glückseligkeit, Heil
sældenrich segensreich
sælic (*-ges*) beglückt, gesegnet; *got lâze iu... immer sælic sin* behaltet in Gottesnamen (höflich ablehnend)
sagen sw.; *ein d.* über etwas Auskunft geben; vorhersagen: *ir vil langez scheiden sagte in wol der muot ûf grôzen schaden ze komene* ihr Gemüth weissagte ihnen ihre lange Trennung zum kommen in grofsen Schaden = durch die sie in grofsen Schaden kommen sollten
sahs st. n. Pfeilspitze
sal st. m. Langhaus mit Halle, Sal
sal (*-wes*) schmutzig, trübe
salwen sw. schmutzig, trübe werden
sam = *sô* Adv. so; wie; gleichwie; Conj. mit Conjunctiv als ob, als wenn
sament, samt, sant Adv. zusammen; Praep. mit D., auch *mit s.* mit
samene, ze mit einander, auf einander zu

samenen sw. versammeln
sampfte, samfte, sanfte Adv. sacht, leicht, langsam; angenehm, gern; Compar. *sanfter* und *senfter*
sdn Adv. = *sd*
sanc st. n. Gesang
sant (-des) st. m. sandiges Ufer, Strand
sant s. *samt*
sarrinc (-ges) st. m. Panzerring
sarwdt st. f. Rüstung
sdʒe st. f. Hinterhalt
schdch st. n. Schach
schdchære st. m. Schächer, Räuber
schdchen sw. rauben
schaffen st. und sw. bewirken, verschaffen, bereiten, anordnen, bestellen; *mit einem s.* ebenso thun wie jemand; *gemach s.* Rube bereiten, es bequem machen
schaft st. m. II Spiefsschaft, Spiefs
schal (-les) st. m. Schall, Lärm, besonders freudiger bei ritterlichen Uebungen; *ze schalle werden* ins Gerede kommen, zum Gespötte werden
schalc st. m. Knecht; gemeiner Mensch
schalchaft knechtisch
schale (schalle) st. sw. f. Schale
schalkeit st. f. gemeines Benehmen
schallen sw. lärmen
schalte st. und sw. f. Stange zum Fortstofsen des Schiffes
scham st. f. Scham, Schmach
schamen sw. *sich* sich schämen
schamel st. m. Schemel; Fufstritt bei Frauensätteln
schapel, schappel st. n. Kranz von Blumen oder Bändern; Kopfputz besonders der Jungfrauen und Frauen
schar st. f. Schar
scharhafte Adv. in Scharen
scharmeister st. m. Führer des Kriegsvolkes
scharph, schärf scharf

schedeliche Adv. mit Schaden
scheiden st. intr. Abschied nehmen; trans. trennen, unterscheiden; beendigen; *e3 s.* den Streit beilegen; *sich s.* aufhören
schef = schif
schelch st. m. unbekanntes Thier
schelden, schelten st. schmähen
schellen st. ertönen
schemelich schimpflich
schenden sw. beschimpfen
schenken sw. einschenken
scherm st. m. Schild
schermen, schirmen st. parieren, *einem* schützen
schicken sw. fertig machen; senden; *die reise* den Heereszug an- und abordnen
schiere, schierliche Adv. bald, schnell
schie3en st. schiefsen, werfen, schnell stofsen
schiffen sw. zu Schiffe bringen
schifmeister st. m. Fährmann, Schiffsführer
schilhen sw. schielen
schiltve33el, schildev. st. n. Riemen zum Umhängen des Schildes
schiltsteine st. n. Edelsteine als Schildzierrat
schiltwache st. f. Wache in voller Rüstung
schimpfen sw. scherzen
schin offenbar; sichtbar, deutlich; *ein d.* und *eines d. sch. tuon* beweisen; st. m. Glanz; Blick; Schein
schinen st. leuchten, scheinen; sich zeigen; *sch. ld3en* zeigen
schirm st. m. Schutz, Deckung
schirmslac (-ges) st. m. Fechterstreich
schœne, schœn schön; Adv. *schóne* artig, fein, stattlich
schœne st. f. Schönheit
schó3 st. f. Schofs
schrecken st. auffahren, erschrecken
schróten st. schneiden
schult, schulde st. f. Schuld, Veranlassung; *âne sch.* ohne Recht, Grund; *von schulde, von schulden* mit Grund, Recht; *von*

wâren, grôzen sch. mit vollem Recht; *von eines sch.* durch eines Veranlassung, um eines willen

sê, sêt Imper. von *sehen*, als Interjection gebraucht (lat. *ecce*)
sê (-wes) st. m. der, die See
sedel st. m. Sitz
segel st. m.
sehen st. sehen; besuchen; *blicke s.* Blicke werfen
seiger matt, schal
seine Adv. langsam, spät; ironisch = *niht*
seite st. f. Saite
selbwahsen ohne fremdes Zuthun entstanden, aufgewachsen
selbwesende durch sich selbst seiend, im eigenen Wesen begründet
selde st. f. Wohnung, Haus
selden, selten Adv.; oft ironisch: nie
selle sw. m. = *geselle*
selleschaft = *geselleschaft*
selp (-bes) N. meist sw., sonst st. selbst; *der, dirre selbe* derselbe; dieser; *selbe zwelfter* selbst als zwölfter, mit elf andern
selpvar (-wes) von eigener Farbe; ungeschminkt
seltsæne seltsam
sem = sam, sem mir (semir) got, nämlich: *helfe,* als Beschwörung: so wahr mir Gott helfe, bei Gott
semfte angenehm; st. f. angenehme Bequemlichkeit
senede, eigentlich *senende,* Liebesschmerz empfindend
senelîche Adv. voll Seelenschmerz, Trauer
senften sw. erleichtern, mäfsigen; erfreuen; leicht werden
sente sanct (vor Heiligennamen)
sêr st. n. auch f. Schmerz
sêre Adv. sehr
sêren sw. betrüben
ses st. n. die Sechs auf dem Würfel
setzen sw. *für sich vorsetzen,* vorhalten
sibenen sw. zur Sieben machen
sic (-ges) st. m. Sieg

sicherheit st. f. Versicherung
sicherlich Adj. und Adv. zuverlässig, sicher
sichern sw. zusichern, versichern
sidel st. f. Sitz
sideln sw. einem Sitze bereiten für
sider Adv. seitdem, nachher
sidin seiden, von Seide
siechhûs st. n. Krankenhaus
sigehaft siegreich
sigen sw. *einem an s.* besiegen
sigenunft st. f. Sieg
sigen st. sinken
sihtic (*-ges*) *an* sehend, ansichtig
sin s. *wesen*
sin (*-nes*) st. m. Sinn; Meinung, Absicht; Verstand; *guote sinne* Einsicht
sinewel (*-les*) ganz rund
sinewellen sw. rollen
sinnelôs bewustlos
sint s. *sit*
sippe verwandt; st. f. Verwandtschaft
sit, sid, sint Adv. darauf, nachher, da; Conj. seitdem, da; weil; *sit daʒ, sit diu* da
site st. m. Sitte, Gewohnheit; Art; oft Plur. Benehmen
sitzen anom. sitzen, sich setzen; *geseʒʒen sin* wohnen
siuften sw. seufzen
siune st. n. das Sehen, Gesicht
siuren sw. sauer machen
slâ st. f. (aus *slage*) Spur, Fährte, Weg
slac (*-ges*) st. m. Schlag; Verderben, Unglück
slahen st. schlagen, erschlagen; *an sl.* antreiben; *abe sl.* (eine Schuld oder Rechnung) abtragen
slahte st. f. Geschlecht, Art; *deheiner sl.* keiner Art
sleht schlicht, gerade, glatt
slichen st. leise und langsam gehn

sliefen st. schlüpfen; *in ein kleit* anziehn
sliezen st. schliefsen, zusammenfügen, bauen
slinden st. verschlingen
slipfic (-ges) schlüpfrig, glatt
sloufen sw. überziehen, anziehen
sloʒ (-ʒʒes) st. n. Schloss, Fuge
smac (-ckes) st. m. Geschmack, Geruch
smæhe verächtlich, abscheulich
smâcheit st. f. Schmach
smal schmal, knapp, klein
smecken sw. riechen, duften
smiegen st. schmiegen
smielen sw. lächeln
snarrenzære st. m. Geigenkratzer
snel (-les) kräftig, streithaft, rasch; Adv. *snelle*
snelheit st. f. Schnelligkeit; schnelle Kraft
snide st. f. Schneide
sniden st. *zesamne* zu einander passend zuschneiden, einander gleich machen
sô Adv. so, wie; Conj. wenn; dann; dagegen; *sô ie* so oft als; oft nach vorausgeschickter einzelner Bestimmung: *nâch gewonheite sô schieden sie sich dâ*; nach *swer, swaʒ*; Ausrufe einleitend *sô wol* drum wohl!
solh, sölch, solch, selh, selk so beschaffen, solch
solden sw. besolden
sorclich gefährdet, sorgenvoll; Adv. *sorcliche* mit Sorgen
sorge st. sw. f. Furcht, Bekümmernis, Todesangst; *eines* für einen; vor einem; *von* oder *ze einem* vor
sorgen sw. *ûf* mit Furcht erwarten, fürchten; *sorgende* mit Sorgen; sorgfältig
soum st. m. Pferdelast; = *soumære* Saumpferd
soumen sw. auf Saumthiere laden
spæhe Adj. und Adv. kunstvoll, kunstreich
spæheliche Adv. klug
spanne sw. f. Mafs der ausgebreiteten Hand

spannen st. ausstrecken; Pferde an den Vorderfüfsen gefesselt weiden lassen; *bouge an sp.* Ringe an die Hand stecken
sparen sw. sparen, schonen
spâte Adv. spät
spehen sw. suchend und beurtheilend blicken, ansehn
spenge st. n. = *gespenge*
spengen sw. mit Spangen versehn
sper st. n.
spiln sw. spielen; hüpfen, funkeln
spiʒ (-ʒes) st. m. Spiefsbraten
spor sw. m. Sporn; st. n. Spur
spot (-tes) st. m. Spott; *âne, sunder s.* wahrhaftig, aufrichtig
sprâche st. f. Sprache; Berathung
sprâchen sw. berathschlagen
sprechære st. m. Spruchsprecher
sprechen st. *einem* von einém, über jemand sprechen; nennen; *einen tac* einen Gerichtstag festsetzen
spriu st. n. Spreu
spruch st. m. II Rede
spürn sw. der Spur nachgehn, auf die Spur kommen, spüren
staben sw. (*den eit*) den Eid abnehmen, die Eidesformel vorsagen
stæte, stætelich, stætic (-ges) fest, treu
stæte st. f., *stætekeit* st. f. Treue, Beständigkeit
stæteclîchen Adv. treu
stân, stên anom. stehn, stehn bleiben; sich stellen, treten; aufstehn, *von den rossen* absitzen; mit Adv. sich befinden; *hôhe st.* auf dem Gipfel stehn, *einen* theuer zu stehen kommen; *in sorgen st.* sein; *einem st.* anstehn; *einem vor st.* verteidigen; *abe st. eines d.* abstehn von; *eʒ stât umbe einen* es verhält sich mit; *eʒ stât an einem* es kommt auf jemand an, hängt von ihm ab
starc gewaltig, schrecklich; schlimm; Adv. *starke*
stat st. f. Stätte, Gelegenheit; *an eines s. stân* als jemand auftreten
state st. f. günstige Umstände, Gelegenheit
stegen sw. Weg machen, Bahn bereiten

G*

stegereif st. m. Steigbügel
stehelin stählern
stein st. m. Stein, Fels
steinwant st. f. Felsenwand
sterben sw. tödten
sterke st. f. Tapferkeit, Stärke
stic (-ges) st. m. Weg, Pfad, Gang
stieben st. stäuben, in Stücken abspringen; Funken von sich geben; sich rasch bewegen
stiege sw. Stiege, Treppe
stiure st. f. Unterstützung, freiwillige Gabe
stiuren sw. unterstützen, fördern
stoc (-ckes) st. m. Kirchenstock, Opferstock
stôle st. f. Stola, Priestergewand
stolz, stolzlich stattlich
stœren sw. auseinander reifsen; verwirren, zerstören
stouben sw. stäuben, Staub aufwirbeln
stôȝon st. stofsen; *in s.* in die Scheide stofsen
strâfen sw. tadeln
strâle st. f. Pfeil
strîchen st. trans. streichen, *den lip* sich putzen; intr. eilig gehn; ziehen
strît st. m. *wider st.* um die Wette; *sunder strît* ohne Frage, *einem den st. lâȝen* nachgeben, das Feld räumen
strîten st. einem mit einem; *an ein d.* nach, für etwas streiten
strîtlich zum Kampfe gehörig; Adv. *strîtlîchen* kampfbereit
striuȝen sw. *sich* sich sträuben, spreizen, prahlen
strûch st. m. das Straucheln
strûchen sw. straucheln, zu Boden fallen
stunt, stunde st. f. Augenblick, Zeitpunct, Zeit; *an der st.* zur selben Zeit, sogleich; *an den stunden* zu dieser Zeit; jetzt eben; *ze stunden* sogleich; *zeiner stunt* einmal; *tûsent stunden mêre* tausend mal mehr
stuol st. m. Richter- oder Herscherstuhl; *der st. ze Rôme* die päpstliche Gewalt

stuolgewœte st. n. Stuhlteppich
sturm st. m. II Kampf
sturmküene kampfesmuthig
sturmmüede kampfesmüde
süenen sw. versöhnen, ausgleichen
süener st. m. Versöhner, Richter
süeʒe lieblich; st. f. Annehmlichkeit; lieblicher Geruch
suht st. f. Krankheit
suln anom. schuldig sein, sollen; mit Inf. Umschreibung des Futurs: werden; *solde* sollte, musste; in Conditionalsätzen = würde: *solde erwinden niht* er würde nicht abgestanden sein; *solde hân* hätte sollen; in Aufforderungen und Vorschlägen bei der 1. Person: wollen, bei der 2. Umschreibung des Imper.
sumelich mancher; Plur. einige, etliche, viele
sûmen sw. verzögern; *eʒ s.* oder *sich s.* säumen, *sich eines d.* oder *mit einem d.* etwas verzögern; *einen eines d.* aufhalten, hindern an
sumerlate sw. f. Schössling, Ruthe
sun st. m. II (N. A. Sing. auch *suon*) Sohn
sunder Praep. mit Acc. ohne; Adj. besonders; Adv. besonders
sunderliche Adv. besonders, für sich
sunderhaʒ (-ʒʒes) st. m. besondere Feindschaft
sunderliche Adv. besonders, auf besondere Weise
sundern sw. absondern, trennen
sunewende st. f. Plur. Sommersolstitium, Zeit des höchsten Sonnenstandes
sunne sw. m. f. Sonne
sunnevar (-wes) sonnenfarbig
suochen sw. einen aufsuchen, besonders feindlich: angreifen
suochman (-nes) st. m. Jäger, der das Wild aufspürt
suone st. f. Versöhnung, Ausgleichung
suontac (-ges) st. m. Tag des Gerichts, jüngster Tag
sus, sust Adv. so; sowieso; sonst
swâ Adv. wo immer

swach gering, wertlos
swachen sw. in Unehre bringen
swære, swâr Adj. und Adv. schwer, schmerzlich; *swære* st. f.
  Schwere, Leid, Kummer
swæren sw. bekümmern, erzürnen
swanc (*-ges*) st. m. Schwung, Schlag
swannen Adv. von wo auch immer
swar Adv. wohin, wozu auch
sweben sw. sich hin und her, auf und nieder bewegen
sweder welcher von beiden auch
sweiben sw. flattern, schweben
sweifen st. trans. schwingen
sweher st. m. Schwiegervater
swelh, swel was für ein — auch
swenden sw. verschwinden machen, vernichten, verschwenden
swenne Adv. wann immer, wenn irgend
swer, n. *swaʒ* jeder der, alles das; wer, was auch immer; *swer*
  wenn jemand; *swaʒ* mit G. wie viel auch, wie viele auch;
  an swiu woran immer
swern anom. schwören, *eines d.* etwas; *ûf einen* sich gegen jemand verschwören
swertdegen st. m. Knappe, der das Schwert nimmt, Ritter
  wird
swertgenôʒ st. m. Knappe, der mit einem zugleich Ritter wird
swertgrimmic (*-ges*): *der swertgrimmige tôt* der schreckliche Tod
  durch das Schwert
swie Adv. wie auch immer, wenn auch
swiften sw. beschwichtigen
swinde kräftig, zornig; Adv. geschwind
swingen st. schwingend werfen; *hin sw.* weghauen

T.

tach (*dazt* = *daʒ dach; t* trat nach ʒ für *d* ein) st. n. Decke, Hülle
tageliet st. n. Lied bei Tagesanbruch
tageweide st. f. Tagereise

tan (*-nes*) st. m. Tannenwald, Wald
tarnhût st. f. II, *tarnkappe* sw. f. unsichtbar machender Mantel; Demin. *tarnkeppelin*
teil st. m. *ein t.* etwas, ein wenig; ziemlich viel
teilen sw. theilen, austheilen; *daʒ, diu spil t.* Bestimmungen vorlegen, unter denen zwei gegeneinander streiten sollen, oder unter welchen jemand wählen soll; *geteiltiu spil* festgesetzter, bestimmter Wettstreit
tievel, tiuvel st. m. *den tiuvel* spöttisch = Nichts
tievellichen Adv. teuflisch
tihten sw. schriftlich abfassen; ersinnen
tjoste s. *just*
tiure, tiuwer, tiwerlich selten, mangelnd; wertvoll, vortrefflich; lieb; Adv. *tiure* theuer, hoch, sehr
tiwern, tiuren sw. wert machen, ehren
toben sw. rasen, wahnsinnig sein
tobelichen Adv. rasend, wüthend
tôre sw. m. Thor, Narr; sinnloser Mensch
tœren sw. zum Thoren machen, betrügen
tœresch thöricht
tote sw. m. Taufpathe
tou (*-wes*) st. m. Thau
touf st. m. Taufe
tougen st. f. n. Geheimnis
tougenlich heimlich; Adv. *tougenliche, tougen*
trackenbluot st. n. Drachenblut
trâge Adv. träg, widerwillig
tragen st. tragen, bringen; haben; ertragen; *sich t.* sich betragen, sich halten; *ein d. an tr.* anstiften
trahen st. m. II Thräne
tranc st. n. *trinken* subst. Inf. Trank
treten st. treten, wandeln
triegen st. betrügen
trinitât st. f. Dreieinigkeit
triuten sw. liebkosen, lieben

triutinne st. f. Geliebte; Gemahlin
triuwe st. f. oft Plur. Treue, Zuverlässigkeit; gegebenes Wort: *an triuwen* in treuer Gesinnung; im Treuverhältnis; *triwen* D. Plur. Interj. wahrhaftig
triwen s. *trouwen*
trœsten sw. zuversichtlich, froh machen, erfreuen, trösten; *sich eines, eines d.* hoffen, rechnen auf
trôst st. m. Hoffnung, Schutz; bildlich sowohl von Fürsten und Führern, als vom Gefolge; Deminutiv *trœstelin* st. n.
troumen sw. träumen
trouwen, trûwen, triwen sw. mit Inf. glauben, hoffen; sich getrauen; *eines d.* glauben, erwarten; *einem, einem d.* vertrauen; *einem eines d.* zutrauen, anvertrauen
trüge st. f. Betrug
trügelichen Adv. trügerisch
truhsæʒe sw. m. Diener, der die Speisen aufträgt; Truchsess (Hofamt)
trumbe sw. f. Trompete
trunʒûn st. m. Splitter
truoben sw. trüb werden
trûren sw. niedergeschlagen sein (aus Furcht oder Trauer)
trût st. m. Geliebter; st. n. Geliebte; Liebling
trûtswager st. m. Herzensschwager
trûwen sw. vertrauen
tugen anom. gut, angemessen, brauchbar sein; helfen; ziemen
tugent, tugende st. f. Tüchtigkeit; edler Sinn; ehrenhaftes, feines Benehmen; *in tugenden der si phlac* in ihrer Unschuld
tugenthaft, tugentlich feingebildet, edel; Adv. *tugentliche*
tülle st. f. Höhlung im Pfeilschaft für die Spitze
tumben sw. unerfahren, unbesonnen sein
tump (*-bes*) unerfahren, jung; unverständig
tunkel dunkel
tuom st. m. Dom
tuon anom. thun; machen, veranstalten; handeln, sich benehmen; *ist getân* zuweilen: ist so gut wie geschehen,

geschieht sicherlich; *wart getân* geschah; *einem d. t.* mit etwas verfahren; *einem minne, triuwe t.* Liebe, Treue erweisen; *gâbe, vride t.* ein Geschenk, Frieden machen; *den tôt, den segen, eine hôchgezît t.* geben, *helfe t.* bringen; mit Adj.: *einen naz, undertân t.* machen; mit Adv. *einem liebe, leide t.* Freude, Leid bereiten; *ez guot t.* seine Sache gut machen, besonders im Kampfe; *under t.* verbergen; mit Inf., dessen Casus entweder beibehalten oder mit einem von *t.* abhängigen D. vertauscht wird, lassen, oder nur umschreibend: *einen* oder *einem grüezen t.*; an der Stelle eines zu wiederholenden Verbs: *die ich von herzen minne und lange hân getân (geminnet)*; Part. *getân* beschaffen, gebildet; *wol g.* wohlgeschaffen, schön; gut gehandelt

turn st. m. II Thurm
turren anom. wagen, dürfen
twahen st. waschen
twalm st. m. betäubender Saft
twerc (-ges) st. n. Zwerg
twerch (-hes) quer, verkehrt; G. Adv. *twerhes*
twergin st. f. Zwergin
twingen, dwingen, twingen st. zwingen, bezwingen, *eines d.* zu einer Sache; *die fûst t.* ballen

U.

übel böse; Adv. *übele* schlecht; wenig; ironisch = *niht*
über Praep. mit A. über, jenseits; Adv. *übere*
übergeben st. im Spiel zum eignen Schaden vorgeben; aufgeben
übergnôz st. m. Person vornehmeren Standes, Sache höheren Wertes
übergulde st. f. Vergoldung, Werterhöhung; Ueberwert
übergülden sw. einen höhern Wert geben
überhêr überhoch, übermäfsig stolz
überhêre st. f. Uebermuth
überhœhen sw. übertreffen
überkomen st. überwinden, überreden, überzeugen

überkraft st. f. Uebermacht
überlût Adv. offen
übermâʒe st. f. Uebermafs
übermüete, übermüetic (-ges) übermüthig
übermüeten sw. übermüthig sein, handeln
übermüete st. f. *übermuot* st. m. Uebermuth
überstrîten st. besiegen
überwinden st. überreden; verschmerzen
überwundern sw. durch Wunder überbieten
übric (-ges) übermäfsig
ûf Praep. mit D. und A. auf, für, gegen, zu; in Absicht, Vertrauen auf; *ûf genâde* im festen Vertrauen; *ûf triuwe* in aufrichtiger Gesinnung; bei meiner Treue, wahrhaftig; *ûf den wân* in dem Glauben; *ûf schaden alsô grôʒen* nach so grofsem Schaden; Adv. *ûf, ûfe; ûf geben* abgeben; *ûf verlâʒen* aus den aufgelösten Banden frei lassen
umbe Praep. mit D. und A. um
umbereit = unbereit
umbrîsen (unprîsen) sw. nicht preisen, tadeln, schelten
unangestlichen Adv. ohne Gefahr
unbehuot unbehütet, unbewahrt; sorglos
unbekort ungeprüft
unbescheiden unverständig
unbetwungen sorgenfrei, unerschrocken
unbewollen unbefleckt
unbilde st. n. Unerhörtes, Unrecht
unbilden sw. *einen* unangemessen, unrecht dünken
undanc st. m. Gegentheil von *danc; ir lip habe undanc* sie seien verwünscht; *ze undanke* ohne Dank zu empfangen
unde, und, unt Conj. und, wiewohl; anstatt relativer Anknüpfung *der genâden und ir mir* die ihr mir *habt gesworn;* leitet conditionalen Vordersatz ein: *und wil du niht erwinden*
ünde st. f. Welle
under Adv. und Praep. mit D. unter, zwischen; *u. helme, u. krône* mit dem Helm, der Krone auf dem Haupte; *under*

diu ougen in, vor das Angesicht; *u. wilen (underwilent* Adv.), *u. stunden* zuweilen, von Zeit zu Zeit; *u. zwischen* gegenseitig, untereinander

underdringen st. *einen* zu einem hindurch dringen
underkomen st. dazwischentreten, hindern
underleinen sw. unterstützen
underspringen st. *einen* zu einem hindurch springen
understân anom. dazwischen treten, *ein d.* verhindern
undertreten st. unterdrücken
underwinden st. *sich eines d.* etwas übernehmen; *sich eines* sich eines annehmen
undiet st. f. gottloses, heidnisches Volk
unebene Adv. ungleich, unpassend
unêren sw. schänden, beschimpfen
unervorhten unerschrocken
unerkant unbekannt
unerldn nicht frei gelassen
unerrochen ungerächt
unerwant, unerwendet unabgewandt, unwendbar, unerlässlich
unverdaget, einen einem unverschwiegen, unverhohlen
unverdienet unverdient, unverschuldet
unverebenet unausgeglichen
unverendet unvollendet; unerreichbar
unvermeldet, eines d. in einer Sache nicht verrathen
unverschart unverletzt
unverspart unversperrt
unversûenet ungesühnt, unsühnbar
unverworren ohne Störung, ungestört
unvil Adv. wenig
unvriuntliche Adv. unfreundlich
unfuoge st. f. Unziemlichkeit, Roheit
ungahtet durch Nachsinnen nicht gefunden, unfasslich
ungebære, ungebærde st. f. Benehmen, Gebärde des vor Schmerz und Wuth sich nicht beherschenden
ungebert nicht geschlagen, ungeprügelt

ungedult st. f. Ungeduld, Heftigkeit
ungevelle st. n. Unfall, Missgeschick
ungefrôut nicht erfreut, ironisch = bestürzt
ungefüege unhandlich, ungeheuer grofs, gewaltig; unfein; schlimm; *ein ungefüege* Riese; Adv. *ungefuoge* gewaltig; grob
ungefüege, ungefuoge st. f. Unziemlichkeit; Unart; Noth; ungeheure Menge
ungevuoc (-ges) st. m. Ungebühr, Frevel
ungemach. st. m. Unruhe, Mühsal, Leid; Gefängnis
ungemeine ungewöhnlich, selten
ungemeit unfröhlich; *u. werden* Leid erfahren; den Tod erleiden
ungemûete st. f. n. *unmuot* st. m. Unmuth, Zorn; *in unmuote werden* in Zorn, Trauer gerathen; *unmuotes* im Zorn
ungemuot unmuthig, zornig
ungendde st. f. Ungnade, Hass, Unheil
ungenœme widerlich
ungerne Adv. mit Unlust, Trauer
ungescheiden ungetrennt, noch fortstreitend
ungesunt (-des) krank, besonders an Wunden; st. m. Krankheit
ungetân nicht gethan; *u. wesen* nicht geschehn
ungetriuliche Adv. ungetreulich, treulos
ungetrunken noch nicht getrunken habend
ungewert sin eines d. etwas nicht erhalten
ungewillic (-ges) widerwillig
ungewon ungewohnt
ungezogenliche Adv. auf ungezogene Art
unheinlich unvertraut, fremd
unhôvesch unfein, unedel
unhôvescheit st. f. unfeines, rohes Benehmen
unkiusche st. f. Unkeuschheit, Zügellosigkeit
unkraft st. f. Ohnmacht
unkunde, unkunt (-des) unbekannt, fremd
unlanc (-ges) kurz; Adv. *unlange*
unlobelich tadelnswert; Adv. *unlobeliche*
unmære nicht der Rede wert; gleichgiltig; zuwider

unmdʒe st. f. Verfehlen des richtigen Maſses; Unmäſsigkeit; Verkehrtheit; D. Plur. *unmdʒen* Adv. auch vor Subst. unmäſsig
unmæʒlich übermäſsig
unminne st. f. Lieblosigkeit
unmüeʒic (*-ges*) ruhelos, thätig
unmügelich unmöglich; ungeheuer groſs
unmuoʒe st. f. auch Plur. Thätigkeit
unndhen Adv. ferne
unnôt st. f. *mir ist u.* ich habe nicht nöthig
unsælde st. f. Unheil, Unglückseligkeit
unsælekeit st. f. Unglückseligkeit
unsanfte Adj. und Adv. schmerzvoll, schwer; zornig
unschamelich von Schande frei, dessen man sich nicht zu schämen hat
unschedeliche Adv. harmlos
unsenfte schmerzlich, hart
unsenftekeit st. f. Leid, Schmerz
unsinnen sw. bewustlos sein, handeln
unstate st. f. *ze unstaten komen* zu Schaden gereichen
unstæte unsicher, untreu; st. f. Treulosigkeit
unstætekeit st. f. Untreue
unsûmic (*-ges*) unsäumig, pünktlich
untriuwe st. f. auch Plur. Untreue
untræsten sw. entmuthigen
unwerdekeit st f. Schmach
unwirden sw. der Ehre berauben
unwise st. f. schlimme Weise, Melodie
unz, unze Adv. bis; Conj. auch: *unz daʒ* bis dass
uoben sw. treiben, thätig sein
üppic (*-ges*) überflüssig, eitel
ûr st. m. Auerochse
urbor st. f. Einkünfte; Grundstück, von welchem Einkünfte bezogen werden
urliuge st. n. Krieg
urloup (*-bes*), *urlop* st. m. Erlaubnis; Urlaub, Abschied

ursprinc (-ges) st. m. Ursprung

ûʒ, ûʒer Praep. mit D. aus, in Folge von; *Gunther ûʒ von Burgundenlant*; Adv. *ûʒ, ûʒe* aus, bis zu Ende

V. s. F. (auch im Inlaut an dieser Stelle)

W.

wd Adv. wo, wohin; *hœren, sehen wd* wie; *wd nu* wo ist, sind nun? wie steht es nun? mit Praep. *wd von, war ndch*
wdc (-ges) st. m. *wœge* st. n. bewegtes Wasser, Fluth
wachen sw. wachen; erwachen
wœfen, wœfne st. n. Waffe, Rüstung
wœge gewogen, geneigt, freundlich
wœjen sw. wehen
wœnen sw. meinen, glauben; mit Inf. hoffen; *eines d.* etwas glauben; *ich wœne* oder *wœn* eingeschaltet: glaub' ich, vermuthlich
wœre wahrhaft, echt
wœrlîche Adv. wahrlich, der Wahrheit gemäſs
wœtlich schön, stattlich; Adv. vermuthlich; in negativen Sätzen: so leicht
wâfen, wâffen st. n. Waffe, besonders Schwert; Allarmruf, dann Interjection: zu den Waffen! wehe!
wâfen, wâpen (-enen) sw. mit Schutz- und Trutzwaffen versehen
wâfenhemde st. n. Waffenrock, Kleid unter dem Panzer
wâfenlich gewant Rüstung
wâge st. f. Wage; Lage in der Schwebe, Wagnis; *en wâge, ûf der w. stân* auf dem Spiele stehn, *ûf die w. lâʒen* aufs Spiel setzen; *âne wâge* ohne zu wägen, in Masse
wagen sw. sich hin und her bewegen
wâgenen sw. auf Wagen laden
wahsen st. aufwachsen, heranwachsen, erwachsen; entstehn
wal st. n. die Leichen der Gefallenen, Schlachtfeld, Walstatt
wal (-les) st. m. Welle, Woge
walgen sw. wälzen, rollen

wallære st. m. Wallfahrer
walten st. *eines d.* über etwas herschen; *eines* für jemand sorgen
waltreise st. f. Waldfahrt, Jagd
wamme st. f. Bauch, Leib
wan Adv. aufser, ausgenommen; nach Negationen: als, nur; Praep. mit G. *wan min*; A. *wan einen bracken*; A. und G. *wan got unde min*; Conj. in Nebensätzen allein und mit *daʒ* wenn nicht, nur dass; elliptisch *wan diu tarnkappe* wäre nicht die Tarnkappe gewesen
wan, wande Conj. weil, da; denn
wan (aus *wandene*) Conj. warum nicht?
wan = man
wân st. m. Meinung, Hoffnung, Absicht; *w. tragen úf ein d.* seine Gedanken richten auf; *w. haben eines d.* Hoffnung, Lust haben zu, hoffen, wünschen; *âne, sunder w.* sicher, ohne Frage; *nâch wâne* aufs Gerathewol, ohne Grund
wanc st. m. das Weichen; *âne w.* ohne Fehl
wande s. *wan*
wandel st. m. n. Wechsel; Schadenersatz; Fehler, Tadel
wandelbære, wandelbernde tadelnswert
wandeln sw. einem Schadenersatz leisten
wange sw. n.
wannen Adv. von wo
want (-de) st. f. *zuo den wenden* N. 1280?
wâpen s. *wâfen*
wâpenroc (-ckes) st. m. Waffenrock unter dem Panzer
war Adv. wohin
war st. f. Aufmerksamkeit; *w. nemen, tuon eines* auf jemand achten, für jemand sorgen, *eines d.* etwas in Obacht nehmen, betrachten
wâr haben Recht haben; *w. sagen* die Wahrheit sagen
wârheit st. f. Wahrheit, Wahrhaftigkeit
warnen sw. rüsten, vorbereiten, besonders auf eine Gefahr, warnen, *eines d.* vor einer Sache
warte st. f. Lauer, Wacht; Vorposten; Anstand

warten sw. spähen, Acht haben; *einem, nâch einem, einem d.* oder *ein d.* erwarten

wasten sw. verwüsten

wât st. f. Kleidung, Rüstung

waten st. schreiten. dringen

waʒʒerwint (*-des*) st. m. Fahrwind

wê Adv. weh, leid; *mir ist w. nâch einem* ich verlange schmerzlich nach; Interj. des Schmerzes, auch mit vortretendem *ó, ou: owê mir* oder *mich, eines d.* wegen einer Sache

weder welcher von beiden; Fragewort in Doppelfragen

wegemüede von der Reise müde

wegen st. (sich bewegen) eindringen, *ein d.* wägen, bewegen; zuwägen, auszahlen; aufwiegen, gegen etwas helfen; *hôhe, ringe w.* hoch, gering anschlagen; *einen* kümmern

wegen sw. bewegen, schwingen

wegewernde Wegelagerer

weich weich, weichlich, zaghaft

weidenliche Adv. stattlich

weigerlichen Adv. stattlich, stolz

weinen sw.; mit A. beweinen

weise sw. m. Waise; ein Edelstein der deutschen Königskrone, so genannt, weil er seines gleichen nicht hatte

weiʒe sw. m. Waizen

wel (*-les*) rund

welch, welh, wel welch, was für ein

wellen, welen sw. wählen

wellen anom. wollen; *eines ein d.* etwas von einem; mit Inf. auch Umschreibung des Fut.: werde; Praet. conditional: würde; zuweilen durch: vermuthlich, natürlich zu übersetzen, mit Negationen durch: doch wohl nicht; *ine wils niht wesen diep* ich werde es doch nicht gestohlen haben; *der wirt wolde wænen* glaubte natürlich *die geste wæren tôt; ich wil daʒ* mit Nebensatz ich meine, ich wil meinen dass

wenden sw. intrans. umkehren; trans. wenden, ändern; abwenden; *sich an ein d. w.* sich an etwas kehren; *ein d. an einen* einem zuwenden; *eʒ an einem w.* jemand umstimmen; *einen eines d.* von etwas abbringen; *gewant* bewandt

wenen sw. gewöhnen, *sich eines d.* sich mit etwas vertraut machen

wengel st. n. Wänglein, Wange

wēnic (-ges) Adj. und Adv. klein, wenig

wenken sw. sich hin und her bewegen, schweifen, wanken; *einem* ausweichen

wenne Adv. wann

wer, n. *waʒ*; *waʒ* mit G. wie viel, wie viele; *wes* weshalb; *waʒ dar umbe* was thut das?

wer st. f. Wehr, Vertheidigungsmittel

werben st. thätig sein, handeln; *dar w.* darauf seine Thätigkeit richten; *ein d.* betreiben, ausrichten; *geworben oder gescheiden* mit ausgerichteter oder abgelehnter Werbung; *nách einem d.*, *eine frouwen*, *umbe e. fr.* sich um etwas, um eine Frau bewerben

werdekeit st. f. Würde; Herrlichkeit

werdeklîche Adv. würdig, ehrenvoll

werfen st. *eʒ umbe w.* wenden, kehren

werlde, werlt, welt st. f. Menschheit, Welt, Leben; *zer w.*, *in dirre w.* im Leben

werlich wehrhaft; Adv. *werlîche*

wern sw. währen, dauern; Part. *wernde* beständig

wern sw. *einen* belohnen, *eines d.* einem etwas gewähren

wern sw. wehren, vertheidigen, *eines* oder *eines d.* gegen jemand, etwas; *ein d.* auch: abwehren, hindern

werren st. *einem* jemand stören, hindern, bekümmern

wert (-des) wert, würdig, edel; st. n. Würde, Ansehn; Adv. *werde*

wert (-des) st. m. höheres, festes Land in Wasser oder Sumpfniederung, Werder

wesen anom. sein; *dâ heime w.* bleiben; *hôher mâge w.* von vornehmem Geschlechte sein; *w. swie einer gebiutet* einem ganz zu Willen sein; *mir ist leit* ich traure, mich verdriefst

wette st. n. Pfand; Vertrag, wobei Pfänder gesetzt werden, die dem Sieger zufallen; *ze w.* um die Wette

wibel st. m. Kornwurm, Wurm
wic (-ges) st. m. Kampf
wicgewant (-des) st. n. Kampfgewand
wiclichen Adv. kriegerisch, tapfer
wider Praep. mit D. und A. gegen, zu
widere Adv. zurück; wiederum; *w. unde dan* rückwärts und vorwärts, hin und her
widervart st. f. Rückfahrt
widerkére st. f. Gang, Ritt hin und her
widerlernen sw. verlernen
widerreden sw. *ein d.* gegen etwas sprechen
widersagen sw. einem aufsagen, Fehde ankündigen; *ein d.* das Gegentheil behaupten
widerspel (-les) st. n. Wiedererzählung
widerstrebe st. f. Widerstand
widerstrit, en w. s. *strit*
widerswanc st. m. Gegenhieb, Gegenschlag
widertuon anom. rückgängig, wieder gut machen; vergelten
widerwürken sw. gegenwirken, durch Handeln vernichten
widerzœme zuwider, widerlich
wigant (-des) st. m. Kämpfer, Krieger
wihen sw. weihen, einsegnen
wiht st. n. etwas geringfügiges, unnützes; *enwiht* nichts, nichts werth
wilde ungezähmt, wild; st. f. Wildnis, Ungezähmtheit
wile st. f. Weile, Zeit, Stunde; *die w.* unterdessen; so lange als
wilen, wilent D. Plur. von *wile*: vor Zeiten, einst
wille sw. m. Absicht, Wille, Wunsch; *mit willen* mit Absicht, Eifer; *mit eines w.* mit eines Zustimmung; *durch eines w.* um eines willen; *eines d. w. haben* beabsichtigen; *w.* oder *guoten w. tragen* freundlich gesinnt sein; sonst *g. w.* feste Absicht; *sinen willen reden* sagen was man will
willic (-ges) geneigt, freundlich; Adv. *williclichen* gern
wilt (-des) st. n. wilde Thiere, Wild
wine st. m. Geliebter, Gatte; st. f. Geliebte, Gattin

winster link
wint (*-des*) st. m. Wind; Funkensprühn; Windhund; *ein w.* spöttisch: Nichts
wipheit st. f. Weiblichkeit
wirde st. f. Würde, Herrlichkeit
wirden sw. wert machen
wirs Adv. schlimmer, weniger; Superl. *wirsist*
wirt st. m. Hausherr, Landesherr
wirtschaft st. f. Bewirtung, Gastmahl
wise klug, erfahren
wise st. f. Weise, Melodie
wisen sw. weisen, führen
wisent (*-tes* und *-des*) st. m. Büffel
wit st. f. Strang aus gedrehten Reisern; *bi der wide* bei Galgenstrafe
wite st. f. Weite, das Freie; D. Plur. *witen* Adv. weit, weithin
witze st. f. auch Plur. Verstand; Bewustsein, Besinnung
wiʒen st. Vorwürfe machen, vorwerfen
wiʒʒen anom.; zuweilen *weiʒ* ohne *ich*; *gewiʒʒen* bekannt
wiʒʒende st. f. Bewustsein
wol Adv.; *w. mich eines d.* heil mir wegen etwas!
wolveile wohlfeil, billich
wolgetæne st. f. Schönheit
wolken st. n. Wolke
wolle sw. f.
wonen sw., *einem bi w.* mit einem verkehren, *deheiner dienste* zu irgend einem Dienste
wortræʒe wortscharf, bitter
wüesten sw. verwüsten
wunden sw. verwunden
wunder st. n. Verwunderung: *w. hdt, nimet mich eines d.* ich wundere mich über etwas; Gegenstand der Verwunderung, wunderbare Menge; *w. sagen* Wunderdinge, auserordentlich viel erzählen
wunderære st. m. Wunderthäter

wunderlich wunderbar

wundern sw. Wunder thun; *mich wundert eines* oder *umbe einen* ich wundere mich über jemand

wundernkűene wunderbar kühn

wunderwol Adv. wunderbar wol

wűnne, wunne st. f. Wonne, Freude

wűnnebernde, wűnneclich, wunnesam wonnebringend, wonnig, lieblich

wűnnen sw. in Wonne bringen, erfreuen

wunsch st. m. II Inbegriff der höchsten Vollkommenheit, das köstlichste; *ze wunsche* vollkommen

wűnschen sw. *eines d.* etwas; *einem* für jemand; einem wünschen; *einen* durch Wunschzauber versetzen

wunt (-des) verwundet

wuof st. m. II Wehschrei

Z.

zage sw. m. Feigling; *zageheit* st. f. Feigheit

zagel st. m. II Schwanz, *swalwen z.* wahrscheinlich volksthümlicher, verächtlicher Ausdruck für Eid, Eidesleistung, wegen der dabei ausgestreckten Finger

zagelichen Adv. zaghaft

zdî Interj. der Freude

zam zahm, vertraut, gewohnt

zamen, zemen sw. zähmen

zart st. m. Liebe, zärtliche Pflege

zarten sw. liebkosen

ze Praep. mit D. zu, bei, in, gegen, für, als; *ze wunder sagen* für ein Wunder erklären; *ze gisel geben* als Geisel geben; elliptisch: *ze Santen* (die Stadt) Santen, *ze Burgonden* (das Land) Burgund; vor Adj. und Adv. das Uebermafs bezeichnend: zu

zebrechen st. zerbrechen, zerreifsen

zegagene, zegegene Adv. entgegen, gegenüber

zegelich zaghaft

zehant Adv. auf der Stelle

zeichen st. n. Zeichen, Fahne; *des tôdes z.* das Aussehn des Sterbenden oder Todten als Abzeichen, Wappen des Todes

zein st. m. Stäbchen von Holz oder Metall

zeln sw. zählen, *ze einem d.* rechnen zu, vergleichen mit

zemen st. angemessen sein, gebühren, zukommen; anstehn, dabei oft Inf. mit oder ohne *ze*; *mich zimet eines d.* mir gefällt, passt etwas

zer st. f. Aufwand, Zehrung

zerbliuwen st. durchprügeln

zerbresten, zebr. st. zerbrechen (intr.)

zerfüeren, zef. sw. zerstreuen, in Unordnung bringen

zergân, zergên anom. vergehn

zergeben st. weggeben, vertheilen

zerliden sw. zergliedern, zerreifsen

zerrinnen, zerinnen st. ausgehn, mangeln; *mir zerinnet eines d.*

zerteilen sw. vertheilen

zerwerfen st. entzweien

zese (-*wes*) recht (Körperseite)

zetal Adv. hinab, nieder, zu Boden

zewâre, zwâre Adv. in Wahrheit, warlich

ziehen st. ziehen, aufziehen; rudern; *diu ros vorführen*; *dan z.* wegführen; *sich ze hôhe* sich zu hoch erheben; *einen sich an z.* auf jemand Anspruch machen; *z. ûf* führen zu; *wolgezogen* wolgesittet, anstandsvoll, *ein houbet w. g.* ein wolgebildeter Kopf mit edlen Zügen

zier, zierlich schmuck, fein, schön

zieren sw. verherrlichen

zihen st. *einen eines d.* einem etwas Schuld geben

cirkel st. m. Fürstenkrone

ziter Compar. von *zite* Adv. zeitig, bald

zogen sw. schnell ziehen (trans. und intr.), hinhalten; *mir zoget eines d.* ich beeile etwas

zorn st. m. Zorn, Streit; *mir ist zorn* ich bin zornig; *daȝ ist, tuot mir z.* das erzürnt mich; Compar. *zorner*; Demin. *zörnelîn* st. n.

zornlichen Adv. zornig

zouber st. n.

zoumen sw. *einem* einem das Pferd führen

zuc (-ges) st. m. II Geigenstrich; Ruderschlag

zücken sw. m. mit Gewalt, schnell ziehen, fassen; *ûf z.* wegziehn, zurückziehn

zuht st. f. auch Plur. Wohlerzogenheit, Anstand, Höflichkeit; das Ziehen

zühteclîchen Adv. anständig, artig

zünden sw. anzünden

zunge sw. f. Zunge; Nation

zuo Adv. zu; Praep. = *ze*

zürnen sw. zornig sein, werden, *eines d.* über etwas

zweien sw. entzweien, trennen

zwivel st. m. Zweifel, Ungewissheit

zwivellich zweifelhaft, ungewiss

zwivellop (-bes) st. n. zweifelhaftes, zweideutiges Lob

zwivelwân st. m. zweifelhafter Gedanke

zwir Adv. zweimal, zweifach

zwiu = *ze wiu* wozu, warum